琴・鐘・石笛・
マントラ・聖歌・
和歌はなぜ
神秘の力を
呼び覚ますのか?

怖いほど願いがかなう

音と声の呪力

秋山眞人
今 雅人［協力］

河出書房新社

カバーデザイン●スタジオ・ファム
カバー写真●amoklv/Getty Images
本文イラスト●青木宣人

「音と声の力」を使って起こす奇跡の真実
——前書き

あなたの「いま」の願望は何だろう？

近年、心も体も疲れ切っているから、とにかく癒やされたいという方が某大な数にのぼっている。少し積極的な方は癒やされるだけではなく、癒やしを与えるヒーリングパワーを持ちたいと思っているかもしれない。

人の心を楽しませたい。良き人との出会いに恵まれたい。恋愛を成就させたい。志望校に合格したい。生活を安定させたい。悪縁を断ち切りたい。自分の生きる意味を知りたい。直感力を高めたい。記憶力を高めたい。魅力的な存在になりたい。人間関係を良くしたい。仕事の能率を上げたい。とにかく成功したい、などなど……。

素直に生きている人ほど、次から次へと、「こうあってくれたら」「こうなりたい」「こうしたい」……といった願望がわき上がってくるのは、仕方がない時代ではないだろうか。

このような願いを次々に、できれば一挙にかなえ、幸せをつかみたいものである。でも、そんなこと、「奇跡」でも起こらないかぎり無理と思っている人が多いことだろう。

しかし、**そのような「奇跡」を起こす可能性がほんとうにあるとしたら、どうだろうか。**

その方法は……？

「音」を使うのだ。

「音」を使うことで、さまざまな願いが達成に向かう。そんな神秘力を「音」は秘めている。

しかし……、「音」からそのような神秘力を引き出すためには、我々《われわれ》が解明した3つの「音の秘密」を知らなければならない。

それは、**あなたを幸せに導く「3つの秘密の鍵」**ともいえるものだ。

この3つの「音の秘密」が1章、2章、3章に記されている。その驚くべき「音の秘密」をじっくりと紐解《ひもと》いてみたい。そして、神秘の力を生み出す「音の仕組み」を、あなた自身のものとしていこう。そのことで、願望実現の「奇跡」が起こり、あなたの人生は満たされ、あなたは、もっと、もっと幸せに輝いていくことができるはずだ。

4章では、3つの「音の秘密」の日常生活への導入例をいくつか紹介した。しかし、3つの「音の仕組み」を知ってしまったあなたは、4章に書かれていることだけではなく、あなたの望む方向に、どんどん、音の神秘力を活用していけるのである。「仕組み（メカニズム）を知る」と「自由自在に応用していける」からである。

忘れ去られた古代人の叡智

これらの「音の秘密」は、古代人が見つけ出し、彼ら自身が、願望実現のために、さまざまな場面で使っていたものだ。

たとえば、未来を予知する、直感のお告げをもたらす、難病を癒《い》やす、戦いに勝利する、魔《ま》性《しょう》を撃退する、日照り続きのときに自然現象を操《あやつ》って雨を降らせる……などである。

このようなことをする人は、「神人《しんじん》」「超人」などと呼ばれることがあるが、まさに、「神人」「超人」と呼ばれるようなことを普通におこなっていた人が、古代には存在していたのである。

それは、古代人の一部が、3つの「音の秘密」を知り、それを日々の生活の中で実際に活用していたからだ。

だから、古代人のように3つの音の秘密を知り、活用することで、誰もが「神人」「超人」になれる。みなさんも、音の神秘力を使って、古代人のように「奇跡」を起こす実験を自分の人生でチャレンジしてみたらどうだろう。

古代人は、神々《こうごう》しい存在と一体になることで、個《こ》を超えた、宇宙力を行使《こうし》できることを知った。音はそのようなパワーを与える。このパワーを「霊力《れいりょく》」と呼ぶことにしよう。

また、古代人は、声を使って「音の仕組み」を活用することで、その声は、神々しい存在を引き寄せたり、自然現象に影響を与えたり、宇宙的なものとの一体感から生じる恍惚感《こうこつかん》を与えたりする……といった、特殊な力を発揮することも知った。このような声から放たれるパワーを「呪力《じゅりょく》」と記していこう。

「呪力」という言葉には、もともと、ネガティブな意味はなく、幸せになりたい、豊かになり

たい、健康になりたい、神々しい存在と一体になった恍惚感を得たいといった、さまざまな願望を、聖なる存在の加護《かご》を受けて、現実化していく力を意味するものなのだ。音や声に、そのような呪力を与えることができるのである。

古代人は、神秘力をもたらす「音の仕組み」をまとめ上げ、「叡智《えいち》の体系」と呼んでもよいほどのレベルにまで高めていった。その音の効果は凄《すさ》まじいものだ。

しかし、時代の流れの中で、音楽が「娯楽」の要素を強めるにつれて、いつしか、古代人が見いだした「音」の叡智の体系は忘れられ、断片化された情報が残されるだけになってしまった。この残存するピースをつなぎ合わせ、さらには、失われてしまった情報を復旧し、人類が過去5000年以上にわたって積み上げてきた、「音」が持っている神秘力の体系の復元を試みたのが本書である。

その本質は、誰にでもできる「法則」

本書に記されているのは、水素と酸素を化合させると水ができるといった類いの「宇宙法則」である。だから、音の神秘力を発動させるには、特定の信仰は必要ない。無神論《むしんろん》の立場であっても問題ない。また、何十年も修行した後、初めて使えるワザといったものでもなく、音楽的知識はゼロでも大丈夫だ。

誰でも、「特定の状態」に音を調整していくと、ただちに、音の神秘力を引き出すことができるのだ。その方法はシンプルであり、即効性《そっこうせい》を持つ。すぐに、音の神秘力は発動していくのだ。

人生の改革に興味のある方は、ぜひ真剣にくり返し読んでほしい。読むたびに、きっと、新たな発見があるはずだ。古代人が残した「音の叡智」は、それほど深いものがある。

本書の出版にともに携わった作曲家・今雅人は、本書が書籍デビューとなるが、私たちの同志として、また青森を愛する伝統音楽のプロデューサーとして、この「いままでにない書」の完成に、日々、時間を惜しまず深い協力をしてくれた。ここにあらためて感謝の意を表する次第である。

また、さまざまな角度からアドヴァイスをいただいた学究の仲間に、あらためて「ありがとう」といいたい。

この本は夢をかなえようとする多くの人々の命の結晶である。

では、凄まじき音の霊力、声の呪力の世界に、あなたをお招きしよう。

本書を読み終えた後、あなたを取り巻く「音」に対する認識は、一変しているかもしれない。

秋山眞人

1章 「音楽」はそもそも呪術として誕生した

太陽の霊力を呼び込む「ドレミの呪文」と440ヘルツの謎

2章

邪気を祓い、神懸かりを起こす「古代楽器」と「パルス音」

弓や琴の音、発声によって呪力が発動する仕組み

3章 霊魂《たましい》を宇宙とつなぐ「神聖な音」の正体

三味線や尺八、鐘、鈴に秘められた「高次倍音」とは

4章 古代の叡智を活かして願望を実現する秘術
スピリチュアルな音や言葉の習慣が運命をひらく

1章

「音楽」はそもそも呪術として誕生した

太陽の霊力を呼び込む「ドレミの呪文」と440ヘルツの謎

宇宙の根源に意識をつなぐ呪文とは

世界で最もよく知られている呪文はなんだろう。それは「ド・レ・ミ・ファ・ソ・ラ・シだ」といったら、みなさんはどう思われるだろうか。そう、音楽の時間に口ずさんだ、あのドレミである。

「ドレミの呪文」は、いまから1000年ほど前（日本では平安時代）にイタリアで考案されたといわれている。その後、世界中で唱《とな》えられてきた。きっと、みなさんも「ド・レ・ミ・ファ・ソ・ラ・シ」と呪文を唱えたことがあるはずだ。しかも、呪文とは知らずに……である。なにかのご利益《りやく》が期待されて呪文は唱えられるものだといってよいだろう。いったい、ドレミの呪文を唱えることで、どのようなご利益が期待されていたのだろうか。

それは、宇宙の根源的な部分に意識をつなぎ、心身にパワーを供給するという**「癒やし」**である。ドレミの呪文は究極の癒やしの呪文ともいえるのだ。でも、きっと、こうおっしゃる人もいるであろう。「ド・レ・ミ・ファ・ソ・ラ・シと日々、口にしているが、宇宙の根源から与えられる癒やしのパワーなどを感じたことはない」と。

それもそのはずである。ドレミの呪文が生まれてから600年後ぐらいに、ドレミの呪文の効力を封じるための罠《わな》が仕掛けられたからである。罠が仕掛けられたのは、ヨーロッパで沸き起こった魔女狩りの時期に一致するのは、偶然ではなかろう。この罠にハマってドレミの呪文を唱えると、呪文の効力は破壊されてしまう。ドレミの呪文を唱え、宇宙の根源から癒やしのパワーを得るためには、ある時代に仕掛けられた罠を回避しなければならないのだ。そうすることで、現代にドレミの呪文は、宇宙の根源から癒やしを得るための呪文として蘇《よみがえ》る。これは、決してエビデンスのないオカルトではない。古代人が見つけた音の霊力、声の呪力がドレミの呪文に流れ込んでいるのだ。いまの時代に、ドレミの呪文を蘇らせてみようではないか。

呪文を理解するカギは原始太陽信仰

空を見上げると太陽が輝いている。私たちが見ている太陽は、宇宙の根源的な部分にある巨大な太陽に連結している。古代人はそのことを直感していた。だから、さまざまな宗教というシステムが誕生する以前、太陽が崇拝されていたのである。

古代人は、目に見える太陽の背後に、宇宙の根源にある霊的な太陽を感じ、神々しい存在として崇拝していた。これを「原始太陽信仰」と呼ぶことにしよう。私たちの霊の本質を「ヒ」という言葉で呼び、「霊」は「日（太陽）」と共鳴し、「日」は、宇宙の根源にある霊的太陽の放つ根本的要素である「火」とつながるという考え方は、古来、世界中に存在するものだ。

日本は、この原始太陽信仰を根強く残している。日本の古い時代の信仰を精査していくと「太陽とともに死に、太陽とともに生まれる」という「日々新々《ひびしんしん》」という言葉に集約される。私がまだ若い頃、神道家の山蔭基央《やまかげもとひさ》（1925〜2013）氏から、「道教《どうきょう》などの外的な影響を、日本の神道から取り去っていくと、『日々新々』という考え方しか残らない。これこそ、古代日本神道の根本教義なのだ」と聞かされたことがあった。

このような太古からの精神風土がある日本で、ドレミの呪文を復活させることは非常に意味がある。なぜなら、ドレミの呪文は、宇宙の根源にある霊的な太陽を崇拝する「原始太陽信仰」が生み出したものだからである。

原始太陽信仰が根強く残る日本で、ドレミの呪文が本来の力を取り戻し、人々の意識を宇宙の根源にある霊的太陽につないでいくのは、いまの時代、非常に意味深いことだと私は直感している。

人工衛星やスペースシャトルなどで、私たちは、技術的には宇宙空間に出てはいるものの、意識のほうはというと、まだ狭い地球の中に閉じ込められたままだ。ドレミの呪文は、そんな意識を宇宙に解放してくれる。私たちは、そのことで、初めて「宇宙人」になれるのだ。そして、宇宙と一体になり、癒やされ、浄化され、大いなる安堵《あんど》と平穏を手にしていくことができるのである。ドレミの呪文は、そのためにつくられたものなのだ。

これから、みなさんと一緒に、ドレミの呪文の封印を解き、呪文の持つパワーをフルオープンにしていこうと思う。そのためには、呪文を生み出した「原始太陽信仰」を知ることが先決である。そして、誰が、どのような思いで、ドレミの呪文を生み出したかを知ることが大切だ。さらには、なぜ、ドレミの呪文が封印されていったのか。そのために、どんな罠《わな》が仕掛けられたのか。

これらを時系列に沿って説明していこう。いわば、呪文誕生の歴史的な旅である。この旅が終わる頃、ドレミの呪文の意味がわかり、ドレミの呪文を封じる罠を回避することができるはずだ。そして、みなさんは、ドレミの呪文を通して、宇宙の根源にある霊的太陽に意識をつないでいくことができるようになるだろう。

それでは、旅を始めよう。

「冬至」が持つ特別な意味

ドレミの呪文を生み出した原始太陽信仰で重要なのは、太陽の誕生日だ。古代人は、太陽の誕生日をいつだと考えていたのだろう。それは冬至なのだ。

冬至は1年で太陽がいちばん勢いを弱める日である。いうなれば、太陽が死を迎える日といえる。古代、死はおしまいではなく、新たな誕生と考えられていた。

この古代人の考え方を示す遺跡のひとつが、アイルランドにあるニューグレンジ遺跡だ。アイルランドの首都ダブリンから60㎞ほど北西にいったところに貴重な古墳群があり、1993年に世界遺産として登録されている。このアイルランド古墳群のシンボル的存在となっているのがニューグレンジ遺跡である。

いまから約5000年以上前につくられたとみられるこの遺跡は、ただの土盛《ども》りではなく、

アイルランドのニューグレンジ遺跡

アーチ型の天井を持つ、世界最古級の建造物といわれている。

「ニューグレンジ（Newgrange）」とは、アイルランド語で「太陽の洞窟《どうくつ》」という意味である。その名が示すとおり、この遺跡は原始太陽信仰と深いつながりのある遺跡だ。

ニューグレンジ遺跡を建造した人の天文学的知識は深いものがあったといわれ、古墳の入り口から奥に続く通路の上部にある小さな窓から、1年で最も日の短い冬至を挟《はさ》んだ5日間だけ、太陽の朝日が、いちばん奥の部屋に差し込むように、通路の傾斜角度が決められている。

この洞窟は子宮《しきゅう》をイメージしている。太陽は冬至の日、ここで新しく生まれ変わる。そんな新しい太陽の誕生を祝う聖なる空間なのである。死は終わりではなく、そこから始まる「次の人生」があるという古代人の考え方がよくあらわれている場所がここなのだ。太陽とともに再生を果たすための儀式がここでおこなわれていたとみられる。宗教や霊能の世界では、洞窟で「心の生まれ変わり」を体験する人は多い。出口王仁三郎《でぐちおにさぶろう》（1871～1948）や空海《くうかい》（774～835）もそうだった。

現在も、新しい命をスタートさせる太陽のパワーにあやかろうと、冬至の日、この遺跡の奥の間にある洞窟で過ごしたいという人は数多いそうだ。地元の人は、この特別な「時空間」に身を置くことを、たいへんな名誉と考えており、抽選で選ばれるまで、15年以上も応募し続ける人は珍しくないという。

原始太陽信仰は、いまもこの地で生きている。そんな太陽への思いが、いまから、1000年前、ドレミの呪文を生み出していくことになるのだ。

ドレミの呪文を生んだ夏至の火祭りとは

太陽を人間にたとえると、冬至の太陽は生まれたばかりの赤ちゃん太陽である。では、太陽のパワーを最もエネルギッシュに放出する若さにあふれた太陽はいつだろう。いうまでもなく夏至だ。

1年でいちばん太陽のパワーが発揮されるのが夏至の時期である。夏至を過ぎると、太陽はしだいに南中高度を落とし、太陽の出ている時間は短くなり、夜が長くなっていく。古代の人は、ここから夏至の火祭りをおこなうようになったのだ。目的は、太陽を加勢するためである。

夏至の日を境に、天空高く昇っていた太陽は、その高度を徐々に落としていく。その様子を眺めていた古代人は「太陽が死んでいく。その太陽の死が、身を切るような寒さと、闇の支配する冬をもたらす」と考えたのである。太陽のパワーが落ちていくことは、自分たちの死をも意味する。こうしたところから、古代の人々は、落ちていく、すなわち、死につつある太陽を励まし、元気づけることは、なによりも大切なことと考えたのだ。

こうして生まれたのが、夏至の火祭り行事なのである。夏至の日に合わせて、巨大な炎がたかれるようになったのだが、ここには、地上からの炎の力により、太陽を励まし、元気づけるという意図が込められている。「落ちるな、死ぬな太陽！」そんな人々の心の叫びが形になったものが夏至の日の火祭り行事なのである。この炎の儀式から、ドレミの呪文が生まれることになるのだ。

太陽信仰を取り込もうとしたキリスト教会

いまでこそ、キリスト教の布教は、ヨーロッパ中に行《ゆ》き届いているが、キリスト教が成立したばかりの頃、ヨーロッパで主流だったのは、ニューグレンジ遺跡で見られるような原始太陽信仰であった。

日本では、春分の日と秋分の日が「国民の祝日」となって重要視されているが、原始太陽信仰の強かった古代のヨーロッパで重視されていたのは、太陽の誕生日である冬至と、太陽が最も強いパワーを放つ夏至だった。

古代ヨーロッパでは、1年を冬至と夏至で二分して考え、この1年の区切りとなる冬至と夏至の時期にさまざまな行事が集中していたのである。このような精神的な風土を持つヨーロッパ各地にキリスト教を浸透させるため、当時のキリスト教関係者は、シンクレティズムと呼ばれる戦略をとった。

シンクレティズムについて説明しよう。海外の古代の神殿の発掘調査をおこなうと興味深い事例に出くわすことが多い。ひとつの神殿の瓦礫《がれき》の層を掘り進めると、突然別の瓦礫の層があらわれるのだ。さらに、しばらく掘り進めると、また別な層があらわれてくる。これはいったいなにを意味しているのだろう。それは、破壊と創造をくり返してきた悲しい人類史である。

ある文化圏に、異質な文化の民がなだれ込むと、お互いの長所を加えて創造的な新しいなにかを生み出すほうには向かわず、たいていは、一方を破壊し尽くし、その後に、自分たちの文化に属するものを打ち立てるという方向に進む。

その時、支配者がまずおこなうのは、征服した土地の人々の心のよりどころとなる神殿の破壊なのだ。そして、その後に、征服者の信奉する神殿が建てられる。このくり返しが、古代遺跡の発掘調査からわかるのである。火が放たれ燃やされてしまう木造建築とは違って、海外の石造りの神殿は、そうした人類史を私たちの目の前に、はっきりと見せてくれる。

ところが、支配者が破壊できないものがある。それは人間の強い思いなのだ。手でさわれる物は、破壊することができる。しかし、触れることができないものがある。それが、人々の心に宿る強い思いなのだ。特に、強い信仰心は、たとえ強大な軍事力や権力をもってしても、破壊し、無にすることは難しい。そこで、支配者は、支配しようとする土地の人民の心をコントロールするために、シンクレティズムをおこなってきたのだ。

シンクレティズムとは、征服された民《たみ》の心のよりどころを、支配側の宗教世界の権威に同一化させ、そのことで支配地の人民の心をコントロールしていこうという操作である。「お前たちの神は、実は、我々《われわれ》の神でもあるのだ。だから、お前たちがいままで信仰してきたように、これからは、我々の神を、新しい我々の神殿で敬うのだ」といった感じでおこなわれていく。こうして、容易に破壊できない人民の強い思いを、支配側に引き込み、そのことで人心をコントロールしていこうとするのである。こうした操作が、人類史のあちこちで見られる。キリスト教も、その戦略をとったのである。

当時のキリスト教関係者が目をつけたのは、原始太陽信仰が重視していた冬至と夏至、そしてそこでおこなわれていた太陽信仰に由来する行事である。それらの行事をキリスト教の中に上手に取り込んでいったのである。

まずは、冬至を太陽の誕生日ではなく、イエス・キリストの生誕の日とし、「イエスこそ、皆が崇めている太陽の化身」という刷《す》り込みをおこなっていった。いまでもイエスが「正義の太陽」「世の光」といわれるのは、この名残《なごり》である。

夏至は聖ヨハネと結びつけられ、夏至の火祭りは、聖ヨハネの祭りに置き換えられていった。カトリックの世界で、イエス・キリストと聖母マリア以外で生誕を祝われる唯一の人物が聖ヨハネである。彼は、キリストに先立ち、世をまっすぐにする役割によって生まれたとされる

「洗礼者《せんれいしゃ》ヨハネ」の名でも知られている。

オペラを愛好する人にとっては、リヒャルト・シュトラウス（1864〜1949）のオペラ『サロメ』の登場人物として、聖ヨハネの名を知っている人も多いであろう。ヨハネは、領主ヘロデ・アンティパスの結婚を非難したため捕らえられ、ある少女が、祝宴での舞踏の褒美《ほうび》としてヨハネの首を求めたため、処刑されたとする記述が福音書《ふくいんしょ》に見られる。その少女の名がオペラの題名となっているサロメである。

ちなみに、ダマスカス（シリアの主都）のウマイヤ・モスクには、ヨハネの首が安置されているとの伝承が残されている。

1862年当時のウマイヤ・モスク

イスラム最古のモスクのひとつとして知られているが、ここは、かつて洗礼者ヨハネ教会が建っていた場所なのである。歴史の公式どおり、そのキリスト教会は破壊され、現在はイスラム教のモスクとなっている。

この聖ヨハネの生誕を祝う行事が6月24日に挙行される。しかし、その実体はキリスト教世界のものとは異なるものなのである。

その実体とは、キリスト教が展開する数千年前からヨーロッパ各地でおこなわれてきた、原始太陽信仰に由来する夏至の火祭りなのだ。

夏至の火祭りはなぜ生き残ったのか

冬至は、太陽の誕生日ということで、もともと、しめやかにおこなわれてきたものだけに、イエスの誕生日の行事、すなわち、クリスマスとしてスムーズに置き換えていくことができた。キャンドルの小さな炎がクリスマスに使われるが、その炎こそ、生まれたての「赤ちゃん太陽」の象徴なのである。いまも、クリスマスの中に原始太陽信仰の名残が見てとれるのだ。

ところが、夏至の火祭りは、「落ちるな、死ぬな太陽！」という、人々の心の叫びが形になったものである。また、夏至は、太陽の霊力が1年で最も高まる時期と信じられていたため、人々は太陽の加護を求めようと、太陽への信仰心が爆発する時期でもあった。そんな人々の激しい思いを、聖ヨハネという人物の中に取り込んでいくことは不可能であった。

こうして、キリスト教会は、1年のうち、夏至の前後の数日間だけは、原始太陽信仰に基づく数々の呪術的な伝統行事を黙認していくことにしたのである。

夏至の火祭りを生み出したのは、「信仰」を超えた世界観である。それは、もっと普遍的な、生命体から発せられる「思い」とでも呼べるものである。朝、昇りゆく太陽を見上げる。そこに感じられる清々《すがすが》しさは、宗教や政治的信条とは無関係である。命ある者として、命の源である太陽に向けられる「思い」は普遍性を持ち、かつ強固である。

こうしたわけで、非常に古い時代から続いてきた、夏至の日の火祭り行事は、聖ヨハネ祭と名前が変えられても、消えることはなく、生き残ることになったのである。

古代の習俗の多くがキリスト教世界の行事に取り込まれては消えていったが、土俗性を持った夏至の火祭り行事だけは、現在も連綿《れんめん》と生き続いている。「ドレミの呪文」は、この火祭り行事の中から出てくるのである。

呪術的な聖ヨハネ祭が意味するもの

キリスト教が伝播《でんぱ》する以前にその土地でおこなわれていた習俗は、中世の魔女狩りに代表されるように、しばしば「異教《いきょう》」として断罪されてきた。キリスト教の展開する世になって、古い時代の習俗に触れるのは、非常に忌避《きひ》されることでもあった。しかし、1年のうちで、それが許される日、解禁される日があったのである。それが、聖ヨハネ祭である。

キリスト教の影響力が強くなり、「聖ヨハネ祭」と名前を変えても、その名前の中でおこなわれる、古代から連綿と続く夏至の火祭りを禁止すること、太陽への人々の思いを断ち切ることは、教会の権力をもってしてもできなかった。そこで教会は、この日の前後数日に限って、古代の習俗が表にあらわれるのを黙認することにしたのである。いわば、「先祖がえりの許される日」、それが、聖ヨハネ祭なのだ。

キリスト教以前の「異教」として、ふだんは抑圧され、表に出すことのできない古くからのヨーロッパの風俗が、おおっぴらに顔を出せる日が聖ヨハネ祭である。特に盛り上がりを見せるのは、聖ヨハネ祭の前夜である。

このとき、ヨーロッパの文化的古層に眠る習俗、土着の呪術的要素が一気に姿を見せる。聖ヨハネ祭の前夜になると、妖精や魔女、はたまた死霊《しりょう》や生霊《いきりょう》などの力が強まる。そして、そうした不思議なモノたちがあらわれては乱舞するという伝承は、ここに源を持つ。雰囲気は、日本のお盆の時期とよく似ている。

こうした点が芸術家の霊感を刺激するのか、たくさんの芸術家が聖ヨハネ祭をテーマにさまざまな創作活動をおこなってきた。

霊感を与えられたアーティストたち

よく知られているのは、ウイリアム・シェークスピア（１５６４〜１６１６）の戯曲『真夏の夜の夢』である。フェリックス・メンデルスゾーン（１８０９〜１８４７）の序曲『真夏の夜の夢』も、このシェークスピアの戯曲を題材としたものである。どちらも「真夏の夜」と訳されているが、「盛夏」を意味するものではない。原題は「midsummer night」。つまり「夏至の夜」、すなわち「聖ヨハネ祭の前夜」を意味するものなのだ。

組曲『展覧会の絵』で有名なモデスト・ムソルグスキー（１８３９〜１８８１）に『はげ山の一夜』という管弦楽曲がある。これは、ロシアの文豪ニコライ・ゴーゴリ（１８０９〜１８５２）の戯曲『聖ヨハネ祭の夜のはげ山』をもとにしたオペラ『魔女』の一部として作曲されたものだ。結局、オペラのほうは未完となり、この曲だけが単独で演奏されるようになった。

背景にあるのは、聖ヨハネ祭の前夜にヨーロッパの魔女たちがブロッケン山に集まって、1年に1回の酒宴を開くという伝承である。

ブロッケン山は、仏像の後光《ごこう》のような円形の不思議な虹「ブロッケン現象」の発祥の地としても知られている。こうしたブロッケン山で目撃される不思議な現象が、聖ヨハネ祭の土俗的・呪術的な習俗の行事と結びついたのだ。ロシアの芸術家も、ここにインスピレーションを得ていたわけなのである。

笛の力でネズミを退治したものの、約束どおりの報酬が支払われなかった。そこで、怒った笛吹きが、町の子どもたちを連れ去ったという「ハーメルンの笛吹き男」の話は、グリム童話をはじめとした複数の民話でよく知られたものとなっている。これは、130人の男女が一度に消えうせたという、1284年6月26日の事件が下敷きになっているといわれている。夏至の時期の不思議な雰囲気にマッチしたものとして、いまも語られる話だ。現地には笛吹きの像も残されている。

夏至の火祭りで誰もが大騒ぎした理由

古代の夏至祭典の伝統をくんだ聖ヨハネ祭にまつわるのは、こうした不思議な伝承ばかりではない。

夏至は太陽が最も勢いを増す時期である。古代、夏至の時期に合わせて、男性が成人となる儀式が挙行されてきた。中世のヨーロッパでは、この古代の習俗が残され、夏至の日は、男性が成人になる日とされ、徒弟《とてい》の受け入れや、職人の独立、そして親方《おやかた》への昇進は、夏至の日におこなわれていた。

リヒャルト・ワーグナー（1813〜1883）の楽劇『ニュルンベルクのマイスタージンガー』には、そうした時代背景と、聖ヨハネ祭と名前を変えておこなわれる夏至の火祭りの騒々しさが描かれている。この楽劇は、夏至の日を意識し、1868年6月21日、ドイツのミュンヘンにあるバイエルン国立歌劇場で初演された。

ワーグナーの楽劇に描かれているように、聖ヨハネ祭として挙行される、夏至の日の火祭りは、非常に騒々しいものであった。

勢いを最も増した太陽に人々は、自分自身を同期させ、ふだんは抑圧されて外に出せないようなエネルギーを一気に解放させ、騒ぎまくったのである。

抑圧する側ともいえるキリスト教会は、冷《さ》めた目でそれを見ていたのかというと、そうではなかった。この夏至の火祭りの時期だけは、キリスト教の関係者も自分の立場を忘れて、人々と一緒に大騒ぎの輪に加わったのである。ドイツでは、司祭たちが露骨にこうしたお祭り騒ぎに加わるため、1407年、ヴュルツブルク教会会議で、それを戒《いまし》める訓令《くんれい》が出されたほどであった。

ダ・ヴィンチが描いた聖ヨハネ

聖ヨハネ祭と名前が変えられても、人々は、祭りの実体は、古くから連綿と続いてきた夏至の日の太陽祭典だったというのは暗黙の了解なのである。

レオナルド・ダ・ヴィンチ（1452〜1519）の描いた聖ヨハネが上を指さしている。意味深である。聖ヨハネ祭の実体は、聖ヨハネ自身の指が示すように、上方に霊威《れいい》を持って輝く夏至の太陽、この太陽の祭典なのだということを、ダ・ヴィンチが暗示している。古代の呪術の雰囲気を濃厚に残す聖ヨハネ祭について、たくさんの芸術家がインスピレーションを受けて作品にしたが、ダ・ヴィンチのこの絵もそのひとつといえよう。

巨大な炎に託された願いとは

夏至の火祭りは、夏至の日に、地上から太陽を加勢《かせい》する目的で、巨大な炎をおこしたことに由来するものだ。もともと、太陽の下でおこなわれてきた炎の儀式であったのだが、炎の効果が鮮やかにあらわれるのは、やはり夜だ。こうしたわけで、夏至の日におこなわれる炎の儀式は夜に移行するようになった。夏至の火祭りの名前が「聖ヨハネ祭」と変えられた後も、炎の儀式は、聖ヨハネ祭の前夜祭として、挙行されるようになった。

夜間に火祭り行事が移行すると、かがり火にもうひとつ、別の意味が付加することとなった。「太陽の分身」という意味である。

本来、太陽を元気づけるための炎であったが、巨大な炎は、1年で最も聖なる力を放つと信じられた夏至の太陽の象徴、つまり、「太陽の分身」と考えられるようになったのだ。夜は天空に太陽が不在の状態である。天空にあった太陽はいまどこへいったのか。その太陽は目の前にある。夏至の最も聖なる力を放つ太陽が目の前に舞い降りた。闇夜に浮かび上がる巨大な炎は天空から舞い降りてきた太陽だと、古代の人々は考えたのである。こうして、人々は夏至の火祭りでたかれる巨大な炎を、1年で最も強い霊威《れいい》を放っている太陽と同一視していくようになった。

人々はこの太陽の分身たる巨大なかがり火になにを求めるようになったのだろうか。それは豊穣《ほうじょう》と浄化であった。そして、地上に降り立った夏至の太陽の前で、古代の人々はさまざまな呪術を繰り広げたのである。

夏至の火祭り行事が、聖ヨハネ祭と呼ばれるようになっても、原始太陽信仰に基づく呪術的な内容は変わることがなかった。本来は「異教」と断罪すべき古来の行事であるが、キリスト教会側は、このような古い習俗を弾圧するのではなく、それを利用してキリスト教世界に人々を引き込む意図があったから、黙認の姿勢をとった。

北部ヨーロッパのような寒さの厳しい地域では、太陽へ向ける人々の思いは非常に強い。こうした地域では、教会関係者も、「黙認」という立場を超え、太陽の火祭り行事に積極的に加わっていた。それぞれの立場を超え、夏至の日、人々は太陽の分身となる巨大なかがり火を囲んでひとつになっていたのである。

人々は夏至の日のかがり火に聖なる太陽のイメージを重ね、豊穣と浄化への祈りの思いを爆発させた。このような古来の習俗の発露は、ふだんは異教の習俗として断罪の対象となるが、夏至の日だけは特別に解禁されたのである。それはいまも変わらない。

さまざまな呪術が、こうして、聖ヨハネ祭の前夜、巨大なかがり火を囲んでおこなわれるのである。

火祭りで、どのような呪術がおこなわれたのか

かがり火は、地上に舞い降りた、非常に強い霊的なパワーを放つ夏至の日の太陽。このイメージが、さまざまな呪術を派生させていった。

まず、おこなわれたのは占いである。聖なる太陽の声を人々は、かがり火に求めたのである。かがり火から立ちのぼる煙、そして、かがり火に投じられた物の焼け具合が判定基準となった。作物の収穫状況、縁談などの恋占いまで、さまざまな答えを、太陽の分身と考えられた炎の中

に真剣に求めたのである。

次に、おこなわれたのが浄化の儀式である。太陽の聖なる炎にケガレを清めてもらおうと、太陽の分身である炎の中にさまざまな物が投じられた。未婚の女性によって投じられた花輪には「すべての不幸は花輪とともに去り、なにひとつ、分かつことのないように」との願《がん》がかけられていたという。

また、スポークのあいだにわらが詰め込まれた車輪や、円盤状の板に炎が移され、集落を転がして、生活領域を太陽の力で浄化しようとすることもおこなわれた。夏至の火祭りは、一年のケガレを落とす日だったのだ。

こうしてケガレが祓《はら》われると、豊穣の儀に移る。太陽は生命の源である。特に、夏至の日の太陽は、生命を活気づかせる霊力を強烈に放っている。その太陽が目の前にある。人々は、太陽の分身と考えられた炎に触れようと、炎を次々に飛び越えていく。かがり火を飛び越えた者は、一年中、太陽の力を受けて無病息災《むびょうそくさい》と信じられたのだ。いまでも、これはおこなわれている。かつては、元気のある若者が選ばれ、豊作を祈願し、できるだけ高くジャンプするのを競い合った。天頂に位置する太陽の座に近づけば近づくほど、穀物が良く育つと信じられたからだ。

穀物だけではない。男女の関係も、この夏至の火祭りの時期に、一気に親密となった。かがり火のまわりで若い男女が激しく踊り、花を投げ合いながら、自分の恋人を決めていく。集落公認の「集団お見合い」のようなものだ。相手が決まると、手をつないで、炎を一緒に飛び越えていく。また、すでに縁談の決まっている男女も同様に炎を飛び越えていく。そのことで、ふたりは晴れて結ばれ、太陽の加護を得て、豊穣、すなわち、子孫繁栄が約束されると信じられていたのである。

こうして、老若男女が、夜を徹して、夏至の太陽と信じられた炎のまわりで踊り明かしたのだ。

いよいよ、夏至の火祭りが佳境《かきょう》に入ると、太陽の分身である炎が、各人の持つ松明《たいまつ》に分火され、各人が屋敷や自分の畑、そして太陽の豊穣の力を必要とするあらゆる場所に向かって行進を始める。そして、太陽の聖なる力を受けて、すべてが豊かな力を得るように、という願がかけられていくのだ。夜明けが近づくと、かがり火の炎も消えかかってくる。人々はそこに近づき、残り火を持ち帰って、かまどの火とする。残り火の中に、聖なる太陽が宿っていると考えられ、その火を、かまどの炎とすることで幸運がもたらされると信じられたのだ。

さらに、かがり火の灰も大切にされた。種子にまぶして、耕作地にまかれていくことで太陽の霊力が大地を活性化させ、豊穣が約束されると信じられていたのだ。古来続くこれらの呪術的要素に大きな変更はなく、聖ヨハネ祭と呼ばれるようになってからも続けられていったのである。現在も、この呪術的行事は健在である。

「ドレミの呪文」を生んだグイードとは何者か

キリスト教的な世界観の中にあって、唯一、古代の原始太陽信仰に由来する呪術儀礼が顔を出すのが夏至の前後、数日間である。特に夏至の火祭り行事が挙行される聖ヨハネ祭の前夜は、極めて異質、かつ、特別な日である。ヨーロッパの芸術家たちは、この特異な聖ヨハネ祭に霊感を受け、さまざまな芸術作品を生み出していったことについては、すでに触れたとおりだ。同じように、ここにたいへんな霊感を受けていた人物がいた。それが、ドレミの階名をつくり出したグイード（991頃～1050頃）なのである。ドレミの階名は太陽崇拝の呪術的行事から誕生していくのだ。

彼の名をグイード・ダレッツォと表記する場合もあるが、これは「アレッツォという町にいるグイード」という意味だ。歌舞伎踊を創始した阿国《おくに》を、住んでいた場所の出雲をつけて「出雲の阿国」と呼ぶのに似ている。

グイードはアレッツォの生まれではないが、30代の頃から古都アレッツォの修道院で活躍し、名声を博したため、「アレッツォにいる有名なグイード」という意味の「グイード・ダレッツォ」と呼ばれたこともある。が、本書では、場所を意味するダレッツォをはずし、彼本来の名のグイードと表記していく。

グイードとはいったい何者なのだろうか。いまから1000年ほど前にイタリアで活躍したカトリック教会の修道士で、教会付属の音楽学校で教鞭《きょうべん》をとっていたという。生没年はよくわかっていないが、彼の音楽理論家としての名声がローマにまで届き、教皇ヨハネス19世（第144代、在位1024～1032）の前で、音楽理論を説いたと伝えられている。

彼は、大聖堂付属の学校で教鞭をとると同時に、少年聖歌隊を指導していた。当時は、メロディーを覚えるのに有効な手段・技術が確立されていなかった。そこで、グイードは、メロディーを覚えるのに有効な「ドレミの階名」を発案することになったと紹介されることが多い。

しかしながら、ドレミの階名が原始太陽信仰から生まれた呪文だと説明されることはない。つまり、グイードのドレミに込められた呪術的な意図が、現在は封印されているというわけなのだ。

これから、その封印を解き、グイードの生み出した呪文を現代に復活させていこうと思う。

グイードの像（イタリア）

グイードに影響を与えた宇宙音楽の書『音楽教程』

まず、忘れてはならないのは、グイードが宗教家であったという点だ。神のもとに人々を導く役割が彼の大きな任務であり、その手段として音楽を使っていた人物である。しかし、グイードはただの音楽理論家と見なされ、彼が生み出したドレミの階名は、うまく歌うための単なる「道具」としてとらえられてしまった。しかし、ドレミの階名のほんとうの意味は、太陽神に意識をつなぐための呪文なのだ。

カトリックの修道士であるグイードが太陽神を信仰していたのは『音楽《おんがく》教程《きょうてい》（De institutione musica）』の影響が大きい。グイードのドレミの呪文に込められた真意を知るためには『音楽教程』を知らなければならない。以下、『音楽教程』を説明していこう。

「西洋音楽」のルーツはどこにあるのだろう。music（英語）・musik（ドイツ語）・musique（フランス語）・musica（イタリア語）などという「音楽」をあらわすヨーロッパの言葉は、古代ギリシャの女神「ムーサ（Musa）」に由来する。このことからもわかるように、「西洋音楽」の基盤を提供しているのは、「古代ギリシャ音楽」の世界観である。

ヨーロッパに古代ギリシャの音楽観がなぜ流入するようになったのだろう。それは、ひとりの人物の著作が影響を及ぼしているのである。その人物とはアニキウス・マンリウス・トルクアトゥス・セウェリヌス・ボエティウス（480頃～524頃）だ。たいへん長い名前なので、

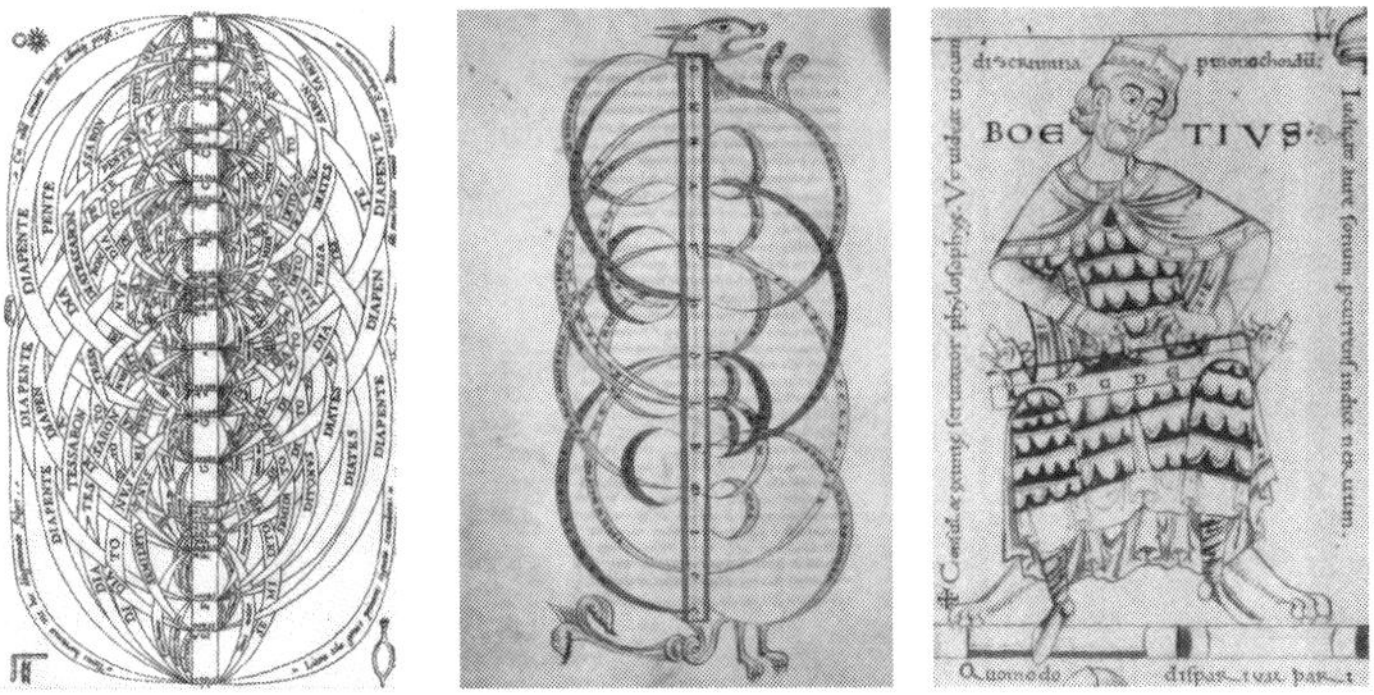

『音楽教程』関連の図。宇宙の響きを図案化したもの

以下、ボエティウスと表記していく。

ボエティウスは、ローマの名門に生まれ、若くして政治家として名をあげた。しかし、生涯の絶頂期に政治的な陰謀に巻き込まれ、王に対する反逆罪の汚名をきせられて、40代の若さで処刑されたという数奇な運命をたどった人である。

ボエティウスは政治家であると同時に、古代ギリシャの教養を翻訳し、当時のヨーロッパ社会に伝える著述家としても名をなしていた。現在、彼の名が残されているのは、政治家としてではなく、もっぱら著述家としての業績が高く評価されてのことである。

特に重要なのが、古代ギリシャの音楽とその背景にある哲学をまとめた『音楽教程』である。ボエティウスは、もともとは政治家であるが、古代ギリシャの知識をラテン語に翻訳し、紹介するという文筆家の一面も持っていた。その彼が20代のとき（500年頃）にまとめあげた、古代ギリシャの音楽論が、ヨーロッパで何世紀にもわたって古典として読まれ続け、ヨーロッパの音楽界において、最も権威ある書物になっていくのである。『音楽教程』の内容は、ボエティウスの創作ではない。ボエティウスの手元にあった古代ギリシャ音楽のさまざまな書物を読みやすくまとめ上げたものである。『音楽教程』は、いうなれば古代ギリシャ音楽の資料集であり、「古代ギリシャ音楽のガイドブック」といってもよい。こうして、ボエティウスを経由し、ヨーロッパに古代ギリシャの音楽観が伝えられ、古代ギリシャの音楽観が西洋音楽の思想的土台を形成していくことになったのだ。

グイードが生きていた中世のヨーロッパにおいて、『音楽教程』の影響力は絶大なものがあり、当時の知識人、特に音楽に興味を持つ者は必ず知っておかなければならないという「常識の書」という位置づけがなされていた。いわば、キリスト教徒における聖書、イスラム教徒におけるコーランといった感じの位置づけなのである。

グイードは12歳の頃、ベネディクト派の教会学校に入学し、そこで学んだ。当時の教会学校で使われていた音楽の教科書は、もちろん、ボエティウスの『音楽教程』である。グイードの音楽的思想の方向性は、この書によって決定づけられることとなった。グイードが、どれだけ熱心に、古代ギリシャの音楽資料集である『音楽教程』を学んだかは、のちに彼が教会学校の音楽教師に迎え入れられた事実が示すところである。

中世のアカデミックな音楽教育とは『音楽教程』を学ぶことといっても過言ではない。グイードが教える立場になったということは、彼が『音楽教程』、すなわち、古代ギリシャの音楽観を彼自身の血肉にしていたということを物語っている。

このグイードの深い古代ギリシャの音楽観への理解が、太陽神に意識をつなぐための呪文「ドレミの階名」を生み出していくのである。

宇宙全体の営みが「音楽」

グイードをはじめとする中世ヨーロッパの知識人は、「音楽とはこういうものだ」という古代ギリシャの音楽観を『音楽教程』を通じて熱心に学んでいたのだが、それは、現代の音楽観とは、ずいぶん異なるものであった。

『音楽教程』の冒頭で、「音楽」の定義を次のようにおこなっている。簡単にまとめるとこうである。

「音楽」とは、私たちが耳に聞こえる響きに限定されるものではない。それは、「音楽」のごく一部分をなすものにすぎない。私たちの感覚を超えた壮大な響きが、私たちの体の中（小宇宙）から、宇宙空間の隅々（大宇宙）にまで鳴り響いているというのだ。このような宇宙全体の営みが「音楽」だという考え方なのである。

『音楽教程』では、「音楽」を3つに分類していく。

1番目が、「宇宙の音楽（ムジカ・ムンダーナ）」である。その名のとおり、宇宙空間、森羅《しんら》万象《ばんしょう》に浸透するように流れている「響きの河《かわ》」のことだ。

具体的には、惑星の運動、四季の変化、元素の秩序だった配列などが、人間の耳に聞こえない「響きの河」の上に成り立っているというのである。その「響きの河」が「宇宙の音楽」なのだ。

2番目が、「人間の音楽（ムジカ・フマーナ）」である。大宇宙に対して、人間の肉体を構成しているさまざまな元素の精緻《せいち》な構造をミクロコスモス（小宇宙）と呼ぶことがある。大宇宙と小宇宙は、大きさが異なるだけで、フラクタルな相似《そうじ》構造を示しており、本質的には同じものだから、人間の肉体と魂にも「響きの河」が同じように流れ、その存在を支えている。この「響きの河」が「人間の音楽」なのである。この響きも、聴覚ではとらえることのできない響きである。

3番目が、「道具の音楽（ムジカ・インストゥルメンターリス）」である。これが、現代の私たちがイメージする「音楽」に最も近い。つまり、さまざまな楽器（人間の声も含む）から発せられる響きである。

このように『音楽教程』では、「音楽」を3つに分類している。私たちが感じる光の他に、紫外線・赤外線のような不可視の光が私たちを取り巻いているが、同じように、耳に聞こえる響きの他に、耳には聞こえない「響きの河」が私たちを取り巻いているという。感覚でとらえられる響きだけではなく、もっと壮大な宇宙に浸透する「響きの河」全体を「音楽」と呼んでいるのである。『音楽教程』の冒頭で、「音楽」のイメージは、このように記述されている。

私たちが感覚器官を通して見ることのできる光と、見ることのできない光は断絶しているのではなく、波動的には連続している。響きもまた、耳で聞くことのできる響きと、耳では直接聞くことのできない、肉体・魂・森羅万象を流れている響きは別種のものではない。同一の原理で働く、波動的に連続したものであって、相互に影響を及ぼし合っている。ここから、人間の声や楽器の響きによって、自然環境（宇宙）に影響を与えたり、肉体や魂の不具合を調整したりできるという発想が生まれたのである。現代の音楽療法の萌芽《ほうが》が、ここに見られるのだ。

中世の知識人は、このような壮大な古代ギリシャの音楽観を『音楽教程』から学んでいたのである。彼らにとって、「音楽」とは、自身の肉体や魂を含めた「大宇宙の営みそのもの」だったのだ。現代の私たちからすると、大仰《おおぎょう》だと思えることも、中世ヨーロッパにおいては、ごくあたり前の考え方であった。『音楽教程』が、こうした考え方を当時の知識人に与えていた。

その後も、『音楽教程』は、ヨーロッパの思想家たちに影響を与え続け、「音楽を宇宙の営みの一部として考える」という発想は、脈々と引き継がれていくことになっ

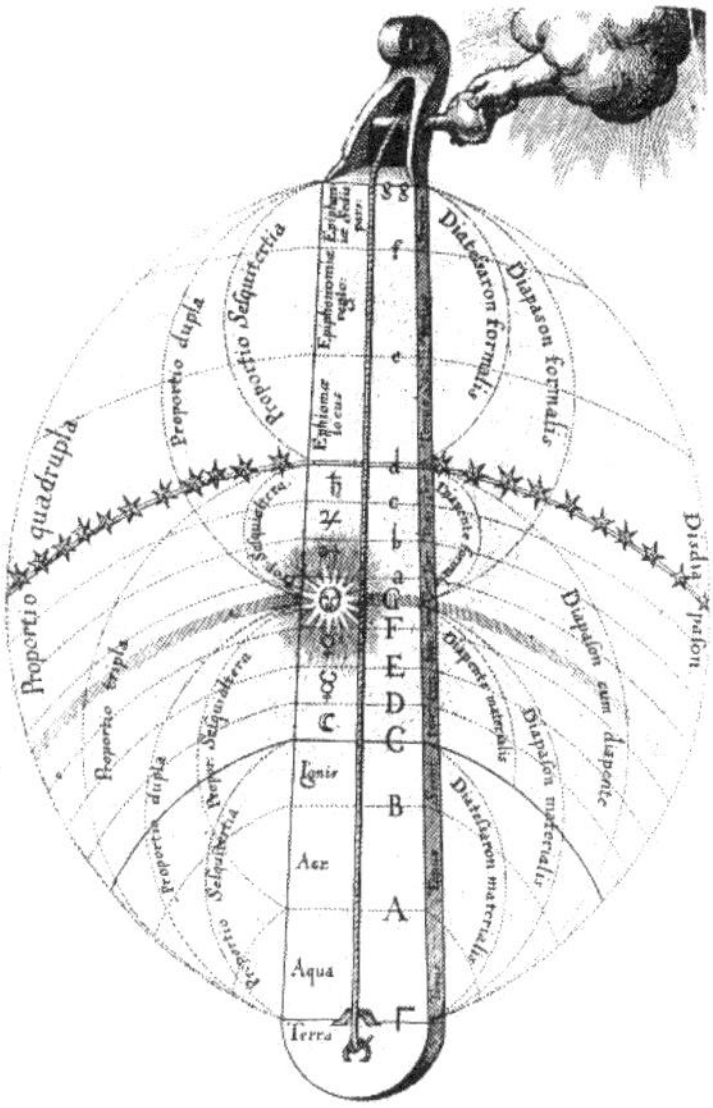

哲学者ロバート・フラッドが示した図

た。イギリスの哲学者ロバート・フラッド（1574～1637）もそのひとりだ。宇宙をひとつの楽器と考え、神の手が、その楽器（宇宙）の音を調整しているという、彼の示した図は、その後、さまざまな書物に引用されるところとなったのは周知のとおりである。

ドレミの階名の発案者であるグイードも、このような古代ギリシャの音楽観に強く影響されたひとりであった。歌を通して、宇宙を秩序正しく動かしている「響きの河」を魂に流し込み、魂の浄化をはかろうという意図が、ドレミの階名の発案の底流に存在しているのだ。さらに教育者でもあったグイードは、古代ギリシャの音楽教育にも大きな影響を受けていた。

「魂には音楽を」という古代ギリシャの教育

当時のギリシャ世界には、軍事色の強いところ、通商や貿易の盛んなところ、芸術活動に力点を置くところなど、大小さまざまな「ポリス」と呼ばれる独立共同体が独自の個性を主張し合っていた。しかし、どのポリスにおいても、音楽は重要な地位を占めていた。古代ギリシャでは太陽への信仰が篤《あつ》く、太陽神は同時に音楽神と見なされていたこともあって、音楽は、宇宙の調和と秩序（神の意志）を知るための神聖な学問とされていたためである。

こうして、「身体には体育を、魂には音楽を。しかし、まずもって子どもたちには音楽が与えられなければならない」という言葉が唱えられ、古代ギリシャ市民の子どもたちは、7歳を過ぎると学校に通うことになり、必修科目の音楽を学んでいたのである。

古代ギリシャで尊ばれていたのは音楽、天文学、数論、幾何学《きかがく》の4つの学科で、これらは、物質的存在によって影響されない「本質」の知に至る4とおりの道と考えられていた。宇宙の秩序と調和（神の意志）を山頂にたとえると、山頂に至る4つの登山道があるという考え方だ。

音楽は、この中で最上位に置かれていた。それは、宇宙を存在させている調和と秩序は、我々の中にも存在し、我々の感情や精神もこの影響を受けているが、音楽だけが、思考と真理の探求だけではなく、感情や精神にも直接的に働きかける強大な力を持つと考えられていたからだ。

他の学問は、宇宙の調和と秩序を知るにとどまるのに対し、音楽だけは、宇宙の持つ調和と秩序への一体化を促《うなが》し、感情や精神の不調和を矯正《きょうせい》する力を有する。つまり、宇宙の秩序と調和という神の意志を知り、その神の意志に調和していく最短ルートを音楽が提供すると信じられていたのである。音楽とは、単なる慰安《いあん》の道具ではなく、宇宙の本質（神の意志）を知り、宇宙に一体化していくための聖なるものと見なされていたのだ。

この古代ギリシャの音楽観の基礎をつくり上げたのが、ピタゴラス（前582頃—前496頃）であった。

西欧の音楽観に影響を与えたピタゴラス

ピタゴラスは古代ギリシャの哲学者であり、音楽家でもあり、霊能者でもあった。

宇宙を壮大な「響きの河」が貫いて流れている。そして、宇宙はその「響きの河」の中で、調和と秩序を保っている。我々が耳にする音楽は、こうした壮大な「響きの河」の一部であるから、音楽を通じて、我々は宇宙に参入し、そのことで、宇宙を存在させている調和と秩序を学ぶことができる。ピタゴラスはそう考えた。

こうした宇宙の持つ調和と秩序を、ピタゴラスは「コスモス」と呼んだ。その対極にあるのが「カオス（混沌《こんとん》）」である。

銀河のような大宇宙（マクロコスモス）を直接的に見ることはできない。また、人間の内奥《ないおう》に展開する小宇宙（ミクロコスモス）も、感覚器官でとらえることはできない。しかし、そうしたものを、音楽を使って手元に引き寄せ、理解し、さらには一体化していくことができるとピタゴラスは考えていた。

調和と秩序を持った大・小のコスモスと一体化し、自分自身を、完全なるコスモスそのものにしていくために古代ギリシャ社会で求められたのが「音楽」であったというのは、ピタゴラスの影響なのである。

古代ギリシャにおいて、「音楽を学ぶ」ことは、「精神を清らかにするために、音楽を通して太陽神に近づき、宇宙の秩序を学ぶ」という意味合いが、非常に強かった。このような古代ギリシャの音楽観の基礎を、紀元前6世紀頃に活躍したピタゴラスがつくったのだ。

現存する古い史料の中で、ピタゴラスについて最も詳しく記しているのは、イアンブリコスによって4世紀に書かれた『ピタゴラス的生き方』で、この中に、ピタゴラスの考える「宇宙・

音楽・人間の精神」の関係が詳しく書かれている。

ピタゴラスは協和音《きょうわおん》（調和の取れた複数の音の響き）の研究で知られている。ピタゴラスが協和音を研究したのは、大小のコスモスを、調和の取れた「響きの河」が貫《つらぬ》いていると直感していたからなのだ。

協和音を研究することで、宇宙の調和を知ることができ、さらに協和音を通して、精神が調和のとれた宇宙に感化し、浄化されていくとピタゴラスは考えていた。その宇宙に、音楽神でもある太陽神がいるわけなのだ。弟子によると、ピタゴラスは普通の人には聞こえない「響きの河」を確かに感じていたという。

『ピタゴラス的生き方』の中では、「調和の取れた美しき宇宙」を「コスモス」とピタゴラスが初めて呼んだということ、そして、弟子たちとともに、昇ってくる太陽に祈りを捧げるため、毎朝、日の出を待ち受けたというピタゴラスの太陽信仰についても記されている。

『音楽教程』でも、音楽的な協和音をつくるのが、数比《すうひ》（音の振動数の比）であることを最初に見つけた人物としてピタゴラスのことを大きく取り上げ、第1巻（第33章）で宇宙と音楽を結びつける古代ギリシャの音楽観を整理し、これがピタゴラスの残した考え方であるとまとめている。

また、ピタゴラスの考え方を踏まえ、音楽は、真理を探求することにおいては他の学問と共通しているが、音楽だけは、思索するだけではなく、響きを通して、真理を体感できる（コスモスと一体化できる）という点において、他の学問よりも優位に立っているという内容も記されている。

ボエティウスは、ピタゴラスが基礎を与えた古代ギリシャの音楽観を『音楽教程』を通して、このようにヨーロッパに伝えていったのだ。

中世のヨーロッパの知識人は、この古代ギリシャの音楽観の影響を特に強く受けていた。こうして、いまから1000年ほど前、「古代ギリシャの時代のように、太陽に思いをつないで、精神を清らかにしていきたい。そのために、太陽と気持ちがひとつになれるような聖なる呪文をつくってみたい」と考える人が、中世ヨーロッパの音楽家の中から出てくることとなった。それがグイードなのである。

そして、グイードが聖なる呪文の素材として選んだのは、夏至の日に歌われていた聖歌だった。

ドレミの呪文はどのようにしてつくられたか

グイードが心の中に思い描いていた理想は、歌をうまく歌うことはもちろんのことだが、それ以上に、歌を通し、子どもたちの心を美しく、健《すこ》やかに輝かせることであった。

そもそも、彼の大目標は、技術的に完成された歌い手の育成ではなく、歌を用いた、子どもたちの「心の浄化と豊かさの育成」であった。つまり、『音楽教程』に記されていたような、古代ギリシャでおこなわれていた音楽を通して、子どもたちの魂の浄化の実践をおこなおうと考えていたのだ。

そのことは彼の代表的著作『ミクロログス』の冒頭で「学舎《まなびや》（学びの場）へと自由の身のムーサたちを呼び戻そう」と記していることからも明らかである。ムーサとは古代ギリシャの音楽を司《つかさど》る女神である。

古代ギリシャにおいて、音楽は、太陽神に帰属するものであった。音楽を通して、太陽神の加護を受け、子どもたちの心を清浄にし、かつ豊かさを与えようという理想が掲げられて、音楽教育が子どもたちに施されていたのである。こうした古代ギリシャの音楽教育に大きな影響を受けていたグイードが、太陽による浄化と豊穣の祭典である聖ヨハネ祭に目を向けるのは、当然の帰結ともいえた。

そこで、グイードが目をつけたのがラテン語で歌われる聖歌『ウト・クアント・ラクシス（Ut queant laxis）』であった。楽譜を示そう。

この聖歌は、ベネディクト会の修道士のパウルス・ディアコヌス（720頃～796頃）が8世紀につくったものといわれている。

全部歌うと14番まである長いものだが、グイードが採用したのは、その1番目の歌詞である。以下が歌詞である。

Ut queant laxis
Resonare fibris
Mira gestorum
Famuli tuorum
Solve polluti
Labii reatum, Sancte Johannes.

Ut que - ant la - xis,
ウト
Re - so - na - re fi - bris,
レ
Mi - ra ges - to - rum,
ミ
Fa - mu - li tu - o - rum,
ファ
Sol - ve pol - lu - ti,
ソ
La - bi - i re - a - tum,
ラ
Sanc - te Jo - han - nes.

楽譜にあるように、聖歌の各行の冒頭の音が、順次、音階的に上行《じょうこう》して歌われていく。この各行冒頭の音となる「Ut（ウト）」「Re（レ）」「Mi（ミ）」「Fa（ファ）」「Sol（ソ）」「La（ラ）」を取り出して階名唱法《かいめいしょうほう》がつくられたのだ。ただ、出だしの「Ut（ウト）」は、どうも発音しにくい。

　そこで、グイードの死後、ふだんの聖歌で歌い慣れている「主なる神」という言葉の「主（Dominus）」からとられた「Do（ド）」に、出だしが一部の国を除いて置きかえられて、現在歌われている「ド・レ・ミ・ファ・ソ・ラ」が生まれることとなったのである。「Sol」は「ソル」と表記されることもあるが、本書では、一般的な表記「ソ」を用いていく。

『聖ヨハネ賛歌』の歌詞の謎

グイードが選んだ聖歌の歌詞の意味はどうなっているのだろうか。以下に示そう。

のびのびと身体を響かせて
「あなた」の驚くべき奇跡の数々を
しもべ達が語れるように
汚れた唇から
罪を取り除いてください、聖者ヨハネよ。

ここで重要なのが、「あなた」という言葉だ。「あなた」とはいったい「誰（なに）」をさしているのだろう。
もちろん、この歌詞を書いたパウルス・ディアコヌスにとっては、聖ヨハネであることは疑いのないことである。しかし、ここで問題にしたいのは、グイードにとっての「あなた」である。
グイードが選び取った歌詞にあらわれているのは、浄化への祈りである。浄化を何者かに求めているのである。その求める相手「あなた」とはいったい、誰（なに）なのか。その答えは、この聖歌がいつ歌われていたのかを考えると、浮かび上がってくるのだ。

この聖歌は「聖ヨハネ賛歌」とも呼ばれている。ここからもわかるように、これは、聖ヨハネ祭に歌われる聖歌なのである。いったい、いつ歌われるのか。それは、聖ヨハネ祭の前日の夕刻である。夏至の火祭りの名前が「聖ヨハネ祭」と変えられた後、この炎の儀式は、聖ヨハネ祭の前夜祭として挙行されるようになった。グイードの選んだ聖歌とは、まさに、地上に降り立った太陽神の象徴である、巨大なかがり火が点火され、夏至の太陽祭典の開始を告げようというときに歌われていた歌、古くからの伝統的な太陽崇拝の大イベント、その開始を告げる歌なのである。

「聖ヨハネ祭」とキリスト教的な名前が与えられている。しかし、それは表面的なもので、その実体は、非常に古い時代からおこなわれてきた、原始太陽信仰に由来する夏至の火祭りである。キリスト教的な聖ヨハネ祭という名前がつけられた後にも、こうした古くからの習俗を断ち切ることはできず、教会の黙認という形で、古代の儀式がそのままの形で挙行されていた。たくさんの聖歌の中から、グイードの選び取った聖歌とは、こうした太陽祭典の開始を告げる「特別な歌」なのである。人々が、この炎の太陽祭典に求めたもの、それは「浄化」である。最も強い力を放っていると信じられた夏至の日の太陽の分身となる炎の加護を受け、人々は太陽の力で浄化をはかろうとした。

ここで、浄化を求める相手、「あなた」が誰なのかが浮かび上がってくる。それは、まさしく「太陽」なのだ。

ドレミの呪文の真意

グイードが素材として選んだ聖歌は、各行冒頭の「Ut」「Re」「Mi」「Fa」「Sol」「La」の音が、だんだん高くなっていくという特徴を持っていた。

つまり、各行冒頭の言葉を「ウト（ド）・レ・ミ・ファ・ソ・ラ」とつないで歌っていくと、夏至の日に向かって、しだいに南中高度を上げていく太陽の姿を音で表現することができ、聖なる力を強めていく太陽に思いを重ねる呪文として、活用していけるということがわかったのだ。

そして、最も高い音となる「ラ」は、1年で最も聖なる力を強める夏至の太陽を示す。そこに重ねられている歌詞は「罪を取り除いてください」である。

太陽への浄化の祈りの言葉が重ねられているのである。夏至の火祭りに参加した人々の太陽に向けた思いを、グイードは呪文の形で凝縮したのである。それが、ドレミの呪文の「真意」なのである。

こうして「ウト（ド）・レ・ミ・ファ・ソ・ラ」の聖なる呪文が生まれた。夏至の太陽に意識をつなぎ、この太陽パワーで心身の浄化をおこなうという目的を持った呪文である。ここで、気がついた方がおられるだろう。ドレミの呪文には、当初、「シ」は、なかったのである。

なぜドレミの呪文に「シ」はなかったのか

グイードが聖なる呪文をつくって６００年ほど経《た》った時、「ラ」よりもさらに高い「シ」の音が追加されることになった。その理由は、声楽が発達して、歌われる音域の幅が広がったため、「ラ」よりも高い音が必要になってきたからと解説されることが多い。それもひとつの理由だろう。しかし、大きな理由は別のところにある。「シ」が追加されたのは、ヨーロッパで魔女狩りが大々的におこなわれていた時期に重なっていくのである。

グイードが生きていた時代は、キリスト教会も寛容《かんよう》で、キリスト教以前からの呪術的な習俗が生き延びていた。その伝承者たちが魔女と呼ばれた人々であった。グイードのドレミの呪文は、キリスト教以前の原始太陽信仰という異教の習俗から生まれ出たものである。

グイードの死後、６００年ほどして、キリスト教会は態度をガラリと変える。これまで許容してきた異教の呪術的習俗の弾圧に乗り出したのである。

しかし、夏至の火祭りの行事だけは、前述したとおり、どうしても禁止できなかった。ただし、異教の呪術的習俗が許容されるのは、聖ヨハネ祭の前後数日にかぎられ、その他の日に異教の呪術をおこなう者は、容赦なく「魔女」「魔男」として処刑していった。これらの魔女狩り的史実は、『デモノラトリィ』や『魔女に与える鉄槌《てっつい》』などを読んでいただければ、その痛《いた》ましさがわかる。

グイードのドレミの呪文の意味は、『音楽教程』を常識としていた知識人たちにとっては、古代ギリシャにならい、音楽の神でもある太陽神への祈りの呪文であることは自明のことであった。子どもたちの心身の浄化の目的とはいえ、そういった異教の習俗から出た呪文が年中歌われるのは、魔女狩りの嵐が吹き荒れる時代にあって、忌避《きひ》されるようになってきた。そこで、グイードの呪文を封じるために「シ」の音が追加されていくことになったのだ。

ここで、もう一度、グイードが素材とした聖歌の楽譜（52ページ参照）を見てみよう。どこから、この「シ」が生まれたのかというと、聖歌の最後の部分「Sancte Johannes（聖なるヨハネ）」である。この「S」と「J」を組み合わせ、「J」を発音の同じ異字体「i」に変更した「Si（シ）」が、「ラ」よりも高い音として追加されることになったのである。

でも、そうしてしまうと、夏至の火祭りで歌われている聖歌と合致しなくなってしまう。聖歌の最後の部分「Sancte Johannes（聖なるヨハネ）」の音は、「ラ」より低い音で歌われるからである。これがドレミの呪文に仕掛けられた罠なのだ。こうして、ドレミの呪文は、夏至の火祭りに歌われていた聖歌と切り離されてしまった。夏至の太陽への意識は、そのことで断ち切られてしまう。

「シ」はグイードの発案したドレミの呪文を封じるために仕掛けられた音なのだ。

こうして、グイードの発案したドレミの呪文は、聖なる太陽へのつながりを断ち切られ、歌をうまく歌うためのただの道具になってしまったのである。

ドレミの呪文を復活させる方法

イタリアのグイードゆかりの地には、グイードが発案したドレミの呪文が刻まれた石板が置かれている。

そこには、「ut・re・mi・fa・sol・la」「la・sol・fa・re・ut」と刻まれている。音を通して太陽の南中高度を表現した、グイードの意図がここに明瞭に残されているのだ。

「ラ」が最高音（夏至）で、そこから、高度を低くしていく太陽の姿が示されている。「シ」の言葉は、どこにも彫られていない。

ドレミの呪文の石板

グイードの発案したドレミの呪文は「6つの音」でできている。6回唱えると、潜在意識に入りやすい、宇宙的なものにつながりやすいという法則がある。この「6」の不思議な力は、能力開発で最も人気の古典書を書いたジョセフ・マーフィ（1898〜1981）博士なども述べており、日本には、6回唱えることの大切さを知らない人間を「ろくでなし」と呼んでいるという説まである。

グイードは、この「6」の力も知っていたのだ。ここにもうひとつの音「シ」を追加すると、宇宙的なつながりも破壊されてしまう。こうして、ドレミは呪文ではなく、ただの音楽の道具に成り下がってしまったのである。

グイードが意図する呪文の効果を蘇らせるには「シ」を歌ってはいけない。「ウト・レ・ミ・ファ・ソ・ラ」と最高音を「ラ」で終わらなければならないのだ。しかし、これだけでは不十分である。最高音の「ラ」を「太陽の響き」に一致するようにしなければならないのである。これがドレミの呪文のパワーを取り戻す秘密なのだ。

「太陽の響き」と「産声」の関係

古代ギリシャの音楽観では、太陽は浄化を与え、人々の心身に癒やしを与える崇高な存在であった。古代の人々は太陽から癒やしの波動を感じていたのであるが、この直感は当たっている。その正体はテラ波である。テラ波が癒やしの正体なのだ。テラ波の測定技術は、日本が最も優秀だといわれるが、自然界の中では、太陽が最もテラ波の情報を放出しているという。テラ波が人間の心身に良好な影響を与えるということは、いまや、世界で論じられるようになっている。そんな癒やしを与える太陽と同じ効果を持った音がある。それが「産声《うぶごえ》の音」なのだ。ここから、産声の音が、太陽の響きと見なされていくようになるのである。

「産声」とは、お母さんのお腹から出てきたばかりの赤ちゃんが、いちばん最初に発する声のことだ。日本大学の小児科主任として教鞭《きょうべん》をとり、日本大学名誉教授で、日本大学板橋病院長も務められた馬場一雄《ばばかずお》氏が、『続・子育ての医学』の中で次のように記している。

「赤ちゃんの泣き声についての研究を手がけたこともあり、その時に集めた資料の中には、産声の高さ、振動数がどれくらいであるかを記録しているものもありますので、産声の振動数を調べることは簡単（中略）小さい赤ちゃんは、ハ調のラ、正確には一点イ音で泣いていると言い直してもよいかも知れません」

馬場氏が指摘しているように、産声の音は、ほぼ同じだ。人種や性別、さらには、時代や場所にも関係がない。産声の音は、いわば「時空を超越した音」だといえよう。

生まれたばかりの赤ちゃんの喉《のど》のサイズは、昔も今も、産声の音の高さに大きな変化を与えるほどの違いがない。縄文時代の赤ちゃんも、現代の赤ちゃんも、そして、未来の赤ちゃんも、同じような音を発して生まれてくる。

これは、同じ長さ・太さの管が、同じような音を出すのとよく似た理屈といえる。みんなが、同じ音を発して生まれてくるというのは、不思議なことではない。

産声の音の高さ「440ヘルツ」の意味

産声の音は、周波数でいうと440ヘルツ（Hz）付近、音楽用語を使うと、イタリア・フランス・スペイン式音名《おんめい》の「ラ」、日本式音名の「一点イ」にあたる音の高さである。オーケストラの音合わせなど、音楽家がチューニングに使う音、そして、NHKの時報の「プッ・プッ・プッ・ポーン」と響く最初の低い「プッ」に、産声の音を聞くことができる。

新生児は、NHKの時報で聞かれるような正確な440ヘルツの音を発して生まれてくるわけではない。しかし、ほぼ440ヘルツを中心とした一定の幅で、新生児は、いずれも第一声を上げるのである。

自然な状態の「音」には、たくさんの周波数が含まれている。こうした響きの中で、「基音《きおん》（土台となる一番低い音）と見なせる音があって、その基音の上にのっている倍音《ばいおん》が優勢になっている音」を「楽音《がくおん》」と呼んでいる（倍音については、3章で詳説）。このような「楽音」の構造を持った音に対し、人間は音程を感じ取ることができる。ジャーンと打ち鳴らされるシンバルの音が、五線譜《ごせんふ》に、音高《おんこう》（ピッチ）を記すことが困難なのは、響きが楽音ではないために、音の高さが特定できないからだ。シンバルのような響きは「噪音《そうおん》」と呼ばれ、楽音とは区別されている。

自然界の音は、複数の周波数を含有しているのだが、人間が「楽音」を耳にしたとき、その音の「高さ」として認知していくのは「基音の周波数（倍音構造の最下部）」で、上層にのっている倍音は、人間の耳には音の高さではなく、「音色《おんしょく》」として認知されていく。譜面上、同じ音の高さを出しているにもかかわらず、ヴァイオリンとトランペットの音色が違って聞こえるのは、基音にのっている倍音の構成の違いが原因となっている。

産声にも、たくさんの周波数が含まれている。産声が440ヘルツ付近の音の高さだというのは、産声の基底周波数《きていしゅうはすう》が「440ヘルツ付近（人間の可聴域20ヘルツ〜2万ヘルツの中では、限定された帯域）」にあるということを意味している。以後、本書では「産声の音」を産声の基底周波数の４４０ヘルツ付近の音の意味として記していくこととする。

産声の音が放つ癒やしの呪力

産声の音に私は以前から注目してきた。産声の音を聞かせると、人間の能力が非常に高まるからだ。潜在能力を引き出す音ともいえる。能力開発に役立つのは、人を芯《しん》から良い感情にリラックスさせる癒やしの音だからである。良い感情でリラックスしたときに、人間は自然に能力を発揮する。それを引き出す究極の癒やしの音が、産声の音なのである。

なぜ、産声の音が癒やしを与えるのだろう。それは、記憶に関わる「音の力」が関係しているる。音は、その音を耳にしていたときの思いや感情なども、一緒に心に焼きつける力を持っているのだ。たとえば、昔、あるシチュエーションでよく聞いていた曲があったとしよう。久しぶりにその曲を聞くと、当時の記憶だけではなく、その曲を聞いていたときの思いや感情といったものがありありと蘇ってくる。音は、心の中に、その音が鳴り響いているときの感情を焼きつける働きがあるのだ。この音の力は、いろいろなところで活用されている。

たとえば、高齢者向けのエアロビクスのＢＧＭに、若いときに聞いていた曲を流すと、途中でグッタリすることなく、なぜか、シャキッとメニューをこなせる。つまり、前向きに、いろいろなことに取り組んでいた若い頃のヤル気に満ちた思いが、音楽を聞くことで、呼び戻されるのである。

高齢者に子どもの頃歌っていた童謡を聞かせる、あるいは歌わせるという音楽療法も同様の効果を狙ったものである。元気いっぱいだった子ども時代を思い出すことで、心身が、そのときの状態に戻ろうとするのである。産声が癒やしの効果を持つというのも、こういった仕組みが関係しているのだ。

子ども時代はあふれんばかりのエネルギーを発散していても、年齢を重ねていくと、その種のエネルギーが、日々の暮らしの中で、なにかの拍子に途切れてしまうことがある。そんなとき心理療法では、幼少時の楽しかった出来事を回想させるという方法をとることがある。

音も、そんな心理的効果を生むのだ。

生まれたばかりの赤ちゃんの肺の中には、羊水《ようすい》が溜《た》まっているが、そのままでは死んでしまう。そこで、肺の中の羊水を吐き出すために、新生児は、大きな声を発する必要がある。そのときに発せられるのが産声なのである。つまり、「死にたくない！　生きなければ！」という、非常に前向きな思いが、産声の音にのっているのである。その思いが産声の音とともに心の奥深くに刻み込まれる。そして、産声の高さの音を耳にすることで、「生」に対する前向きな思いが蘇ってくるのである。このことで、気持ちがスッとする、モヤモヤがなくなる、さっぱりするなど、いろいろな意味での癒やしを、産声の音が与えていくことになるのだ。産声の音が究極の癒やしの音だという意味はここにあるのである。

酸っぱいものを連想すると、体が自然に反応し、唾液が出てくるように、元気いっぱいだった頃のイメージは、心身に、そのときの状態に戻ろうとの良好な刺激を与える。消耗した心身を癒やすには、生命力あふれる時代の記憶につながるなんらかの情報が有効だ。新生児の第一声となる「オギャー」の産声は、その種の刺激となる。なぜなら、産声の音には、「死にたくない、生きたい」という、生命体の持っている根源的ともいえる命の叫びが込められているからだ。この生命体の発する最も前向きな思いが、自分自身の発した産声の音とともに、心の奥深い部分に記憶されている。

産声の音に触れるたびに、心の奥深くに打ち込まれている「生を希求《ききゅう》する思い」が刺激され、心身が影響を受ける。産声を意味する「ラ」の音は、人間に癒やしを与える音と、古くからいわれてきたが、ここには、こうした心理的理由がある。その意味で、産声は消耗した心身に生命活力を呼び戻すきっかけとなる音、まさに、人間を、ガソリンを満タンにした新車のような、純粋無垢《じゅんすいむく》なエネルギーあふれる初期状態に戻す、いわば、リセット音だということもできる。

ヴァイオリン曲にまつわる糸川英夫の発見

妊婦さんが、自分に必要な栄養素を無意識に求め、なぜか酸っぱいものが食べたくなるときがあるように、人類は、なぜかその音を聞くと心が落ち着く、癒やされるという産声の音に引き寄せられてしまう。世界中で、古くから、産声にあたる音が重視されてきた理由は、ここにある。

これに関連して、かつて、ヒット曲について調べてみたことがある。そうすると、出だしやサビの部分などに、太陽に同一視されてきた産声の音（イタリア・フランス式音名でいうところの「ラ」）が効果的に使われているものが大半を占めていた。クラシック音楽から、現代のポピュラー音楽まで、いろいろと調べてみると、時代や地域といった時空を超え、人々の心をつかんできた音楽は、産声の音を、実に巧みに活用している。

これを裏づけるようなデータを出しているのが、糸川英夫《いとかわひでお》（1912〜1999）氏である。糸川氏は「日本のロケット開発の父」と慕《した》われ、敬《うやま》われている宇宙工学の専門家だが、音楽にも造詣《ぞうけい》が深く、学位論文は音響工学で取得している。

45年かけて、糸川氏はひとつのヴァイオリンをつくることになったのだが、その過程で、人類が産声の音に吸引されるというデータを偶然見つけてしまった。著書『八十歳のアリア』に、その詳細が記されている。

糸川氏は音響工学を駆使し、科学的な見地から、良い音の出るヴァイオリンをつくろうと考え始めるようになる。その方法は「ヴァイオリン曲でいちばん多く使われる音を調べ、その音の最も良く鳴る楽器の設計にすれば、良いヴァイオリンになるはず」というものだった。単純明快な考えだが、確かに真理をつくものといえる。

こうして古今《ここん》のありとあらゆるヴァイオリン曲の出す音を1年間かけて調査していった。その方法は極めて単純だ。楽譜をもとに、どの音が曲中で何秒間鳴っているのかが調べられたのである。曲のテンポと楽譜に記された音符の長さをもとに、それぞれの音の発音時間が算出《さんしゅつ》され、それぞれの音について「鳴っている時間」が単純合計されていったのだ。この合計時間が多いほど、ヴァイオリン曲における「使用頻度《ひんど》の高い音」ということになる。その音が、良く鳴る設計にすれば、「良い音の出るヴァイオリン」というわけなのだ。

さて、1年がかりの調査が終わり、データの分析をしていた糸川氏は驚くこととなる。当初の予測を裏切る、驚くべき結果が浮かび上がってきたからだ。

ヴァイオリンは、通常、4オクターブ（約50個）の音が出せる。このうち、ヴァイオリン曲で「使用頻度の高い音」は、たった4つだけだったのである。

それは、イタリア・フランス式の音名表記を使うと、「低いラ」と「高いラ」、そして、その間にある「レ」と「ミ」である。この4つの音だけで、全体の演奏秒数の約50％を占めていたのだ。

人間に血縁関係があるように、音にも、近親関係が存在している。ある音に対して、近い音、遠い音というのが存在しているのだ。

最も近い音は、3種類ある。ある音に対し、完全8度（1オクターブ上）、完全4度、完全5度の音程関係である。これらの音程は、ひとつの家族といえる。糸川氏が見つけ出した「4つの音」は、ある音に対するファミリーだったのだ。その音とは、産声の音の「ラ」なのだ。

この「ラ」（低いラ）を出発点とすると、「レ」は完全4度、「ミ」は完全5度、「高いラ」は完全8度の関係になる。これら「完全4度」、「完全5度」、「完全8度」の音程は、出発地点となる音に対し、最も協和《きようわ》して（溶け合うように）感じられる音とされるものだ。つまり、糸川氏は「産声の音の家族」といえる4つの音が、古今のヴァイオリン曲で頻繁《ひんぱん》に鳴り響いていることを発見してしまったのだ。

「名曲」というものは作曲家が決めるものではなく、聴衆によって支持され、くり返し演奏されることで歴史の中で残った曲である。聴衆にとって聞いていて気持ちの悪い曲は初演後、演奏の機会がなくなり、歴史的に淘汰《とうた》され、消えていく。

ここから考えると、糸川氏によって採取されたデータは「歴史的なふるい」にかけられた、聴衆にとって「最も魅力的と感じられるヴァイオリン曲の音響成分」を示しているともいえる。人々は、ヴァイオリンという楽器を通して、「産声の音の家族」ともいえる4つの音を無意識のうちに求めてきたのである。誰も、そんなことに気がつかなかったが、糸川氏は、偶然、このことを見つけてしまったのだ。

産声の音は、どの時代、そして、どの地域の人でもほとんど同じなので、産声の音の高さの響きは、どの時代、どの地域の人にも癒やしを与えてきた。だから、楽曲に産声の音をうまく組み込むと、時代や場所にかかわらず、みんなが気持ち良くなりやすい。気持ち良さを求めてみんながリピートするので、ヒット曲になりやすいし、歴史に残りやすいのだ。

音の基準に影響を与える産声の霊力

歴史的に、楽器の音合わせの基準とされる「標準音（標準楽音）」は変動を見せてきた。西洋の16～19世紀にかけての、こうした標準音の変動についての記録が残っている。人間の耳にできる音は、20～2万（20キロ）ヘルツという広範囲にわたるものだが、標準音の変動の記録に示されているのは、かぎられた幅である。それは産声の持っている幅に等しい。

人間が生まれ落ちて最初に発する産声の音がほぼ400～500ヘルツ付近になっており、これが歴史的な標準音の推移の幅に一致しているという件について、歴史的に最も早い時期に関心を寄せ、論文を書いたのは、オーストリア出身で、のちにアメリカ合衆国で活躍した心理学者、ハインツ・ウェルナー（1890～1964）であった。

ウェルナーは、若い頃は音楽家志望であり、同時に心理学にも深く傾倒《けいとう》していたことから、「音楽と心理学の接点」についての論文をいくつか残すところとなった。その中のひとつに、1917年（27歳のとき）に書かれた論文がある。『早期の児童と旋律の構想』が、それだ。この中で、ウェルナーは、新生児の産声が標準音「440ヘルツ付近の音」であることを説《と》いている。これが、「産声と440ヘルツとの関係」について、歴史的に、最も早い時期に書かれた論文として知られている。

NHKの時報は、最初の3つの低い音が440ヘルツ、最後の余韻を持った高い音に、44

０ヘルツの１オクターブ上の８８０ヘルツが用いられている。時報番組の音に「標準音」を使えば、音楽教育に大きな役割を果たすということで、産声の音が、時報音に採用されることになったのだ。

　すべての人に「絶対音感」が備わっているわけではない。しかし、プロ、アマを問わず、音楽家には「音とり」のための「標準音」がどうしても必要になってくる。普通は、そのために音叉《おんさ》が用いられるが、音叉を常に携帯するわけにもいかない。全国どこにいても、テレビから、この音叉の発する標準音が流れてきたら、音楽教育にも役立つのではないか。そのような教育的効果が念頭に置かれていたのだ。

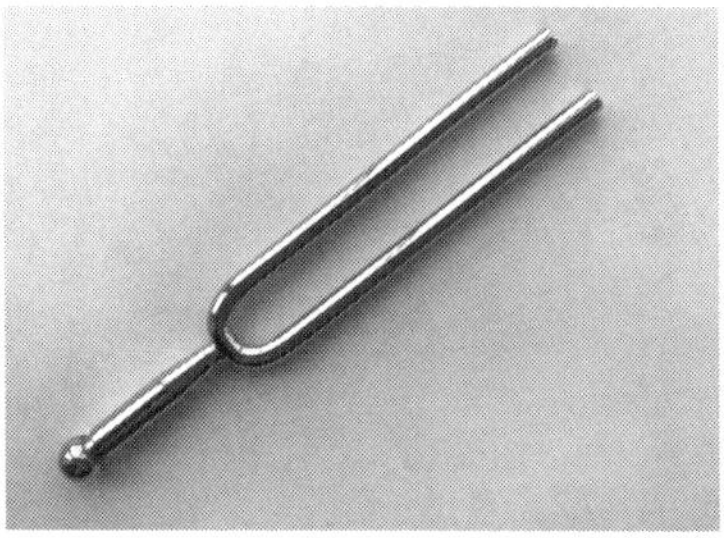
音とりの基準となる音叉

　洋楽の標準音は、日本では、ヨーロッパ式の４３５ヘルツとするのが通例であったが、演奏家や音楽理論の専門家の意見を参考に将来的な予想に立って、昭和８（１９３３）年、ＮＨＫの時報放送に４４０ヘルツが採用された。その後１９３９年5月、予測のとおり、ロンドン国際会議で４４０ヘルツが標準音として採用されることになった。

　こうして、音楽演奏の「音とり」のための標準音に４４０ヘルツが使われることが世界的に決められたのである。これを受け、日本も昭和23（１９４８）年に、これまでのヨーロッパ式の４３５ヘルツではなく、440ヘルツを音楽演奏の標準音に採用することを正式に決定した。そして、昭和26（1951）年、NHKの時報の音を、音楽教育の標準音にするように、全国の音楽教育の現場に通達が出されたのである。時報放送は「最も短い教育番組」といわれるのは、こうしたところに端《たん》を発している。

ロンドン国際会議で440ヘルツが標準音として採用されたのは、古くから、ヨーロッパで440ヘルツ付近の音が標準音の慣例《かんれい》として用いられてきたからだ。

金管楽器は、音高（ピッチ）を上げると、キラキラした華やかな響きになっていく。金管楽器が発達するにつれ、華やかな金管の響きが求められるようになり、ヨーロッパ各地の標準音はつり上げられては、「あまりにも高すぎる」ということで、また元に戻されるという流れが続く。

この標準音の推移について、アレクサンダー・ジョン・エリス（1814〜1890）が調査している。

16〜19世紀にかけての欧米において、標準音となる、ピアノ鍵盤中央に位置する「ラ」の音、専門的には「A3（1点イ）」の振動数が、どのような推移をたどってきたのかが、次のようにわかる。

エリスが『The History of Musical Pitch』で作成したデータは、標準音の音高変動の歴史について重要な資料とされるものだ。そこには、377ヘルツから563・1ヘルツまでの、

●377ヘルツ・・・・1511年シュリックの算定した低いピッチ
●395.2ヘルツ・・・1708年造のケンブリッジのオルガン
●402.9ヘルツ・・・1648年メルセンヌのスピネット
●406.6ヘルツ・・・1713年ソーヴールのピッチ
●407.9ヘルツ・・・1762年ハンブルクでのピッチ
●409ヘルツ・・・・1783年パリで使われていた音叉
●415ヘルツ・・・・1754年ドレスデンのオルガン
●421.6ヘルツ・・・1780年アウクスブルクで使われた音叉
●422.5ヘルツ・・・1751年ヘンデルの使った音叉
●423.2ヘルツ・・・1815～21年ドレスデン歌劇場で使われていた音叉
●423.7ヘルツ・・・1813年ロンドンの初期のフィルハーモニック・ピッチ
●424.2ヘルツ・・・1619年プレトリウスのオルガン
●427.7ヘルツ・・・1696年ロンドンのオルガン
●430.8ヘルツ・・・1830年パリ・オペラ座
●435.4ヘルツ・・・1859年フランス、ディアパゾン・ノルマル
●440.2ヘルツ・・・1834年シャイブラーの音叉（シュトゥットガルト標準音）
●442ヘルツ・・・・1690年ロンドンのオルガン
●445.8ヘルツ・・・1856年パリ・オペラ座
●445.9ヘルツ・・・1849年ロンドン、ブロードウッド社の標準ピッチ
●451.7ヘルツ・・・1867年ミラノ・スカラ座の音叉
●451.9ヘルツ・・・1878年イギリス陸軍軍楽隊の音叉
●452.5ヘルツ・・・1846～54年ロンドンのフィルハーモニック・オーケストラ
●454.7ヘルツ・・・1874年ロンドンのフィルハーモニック・ピッチ
1874年ロンドン、ブロードウッド社のピッチ
1879年イギリス・スタインウェイ社のピッチ
●455.3ヘルツ・・・1879年ロンドン、エラール社の演奏会用標準音叉
●456.1ヘルツ・・・1859年ウィーン、シュトライヒャー社の音叉
ディアパゾン・ノルマル導入以前のウィーンフィルのピッチ
●457.2ヘルツ・・・1879年アメリカ、スタインウェイ社
●474.1ヘルツ・・・1668年トムキンズの用いた音叉
1683年ダラムのオルガン
●489.2ヘルツ・・・1688年ハンブルク、聖ヤコービ教会のオルガン
●494.5ヘルツ・・・1879年ハンブルク、聖ヤコービ教会のオルガン
●495.5ヘルツ・・・1700年レントスブルクの教会オルガン
●503.7ヘルツ・・・1636～37年メルセンヌのコールトーン
●504.2ヘルツ・・・1511年シュリックの算定した高いピッチ
●505.8ヘルツ・・・1619年ハルバーシュタット大聖堂のオルガン
（1361年造・1495年修理）
●563.1ヘルツ・・・1636～37年メルセンヌのカンマートーン

標準音「ラ」の音の高さの変動の歴史が記されている（前ページ参照）。

人間の可聴範囲は、20〜2万ヘルツの大きな幅があるのに、不思議なことに、エリスの測定値は、ほぼ400〜500ヘルツの範囲を示すところとなっている。

人間の耳がいちばん聞き取りやすい周波数帯は2000〜4000ヘルツといわれているが、微妙な音合わせをするのなら、この帯域を使うべきである。しかし、歴史的に、なぜか、この400〜500ヘルツの狭い帯域が音合わせの基準として採用されてきた。それは「音合わせ」は、「心合わせ」だからなのだろう。

合奏の場合、演奏者の心が、ひとつにならなければいけない。演奏者同士、そして、演奏者と聴衆をひとつにまとめ、宇宙・大自然のパワーを音にのせるために、自分の心を清め、癒やし、落ち着けていかなければならない。やはり、それには、精神的に最も落ち着き、ホッとする音、すなわち、産声の音である「ラ」がふさわしい。その音で、みんなの心のザワザワが清められ、ひとつにまとまる。

『音楽教程』によると、古代ギリシャの時代に、すでに音合わせに産声の音が使われていた形跡が認められる。当時、基準になる音は「メセー」と呼ばれていた。

現代で用いられる音階の多くは、いちばん低い音を土台とし、それに積み上げられる形で「ド・レ・ミ・ファ・ソ・ラ・シ」のような音階《おんかい》が構成されていく。

ところが、古代ギリシャの場合はそうではなく、まず、真ん中の音が土台としてあり、そこから、高いほう、そして低いほうに向かって音を広げるという方法がとられた。その「真ん中の音」が「メセー」と呼ばれていたのである。

ちょうど、これは、水面に落とした小石を中心に波紋《はもん》が広がっていくイメージに似ている。水面を水平方向から見ると、小石が落とされた場所を起点として、波紋が左右に広がっていくように見える。古代ギリシャの音組織は、「メセーの音」を中心とし、そこから、高いほう、低いほうへと音を広げる形で、音組織が構成されていたのだ。

古代ギリシャの音組織は波紋に似ている

その中心となるメセーの音が「産声の音」であり、メセーは「太陽」に対応させられていた。産声の音を基準音として、それを太陽に結びつけていくのは、古代ギリシャ以来の伝統なのである。

ラテン民族はなぜ「ラ」を440ヘルツに固定したのか

ドレミ……は「階名《かいめい》」と呼ばれる。それに対し「音名《おんめい》」というものがある。「音名」とはその名のとおり、音の固有振動数に対して与えられる名称だ。たとえば、標準音の440ヘルツの音名は、「A 3」と呼ばれたり、日本では「1点イ」と呼ばれたりする。この「A 3」や

「1点イ」が音名である。ピアノでいうと、特定の鍵盤の音をさすものが音名だ。

一方、「階名」は、相対的なものだ。たとえば「261・63ヘルツ」を「ド」と定め、ド・レ・ミ・ファ・ソ・ラと順に、平均律《へいきんりつ》で歌っていくと、「ラ」は「440ヘルツ」を意味することになる。

しかし、階名の出発地点の「ド」は、任意の音でよい。「ド」を別の音にして、ド・レ・ミ・ファ・ソ・ラと順に歌っていくと、当然のことながら「ラ」は別の音の高さとなる。したがって、階名の「ラ」といっても、ピアノの鍵盤のどの音をさしているのか定まらない。このように、「階名」は、あくまで相対的な音程関係を示すもので、絶対的な音の高さを示すものではない。

グイードが発案したドレミの呪文は、グイードの死後、そのような階名として、扱われるようになっていく。ところが、グイードの出身母体であるラテン民族は、「階名」と「音名」を同一視してしまったのだ。

階名の「ラ」は、出発地点の「ド」の決め方によって、いろいろな音の高さをあらわすものなのだが、ラテン民族は階名の「ラ」を、標準音「440ヘルツ」付近の音として固定してしまったのである。ラテン民族は、ドレミの階名を音名としても使っていくようになったのだ。

なぜ、このような事態が起こったのであろう。通説では「ラテン民族の間違い」とされている。これは、グイードをはじめとするラテン民族に対して失礼な物言いだ。実際、フランスの哲学者のジャン＝ジャック・ルソー（1712～1778）のように、階名と音名の区別が希薄になっていることについて強い警句を発する人も、ラテン民族の中に少なからずいたのである。ラテン民族は、階名と音名を同一視することの問題点をしっかり認識していたのだ。しかし、それを無視して階名と音名が同一視されていったのだ。

実は、彼らは、確信犯なのである。階名と音名を同一視する必要があったのだ。

それは、ラテン民族の知識層が、グイードのドレミの呪文（ドレミの階名）の真意を知っていたからにほかならない。

太陽がもっとも太陽らしい輝きを放つ、夏至の太陽に重ねられたドレミの階名の音は「ラ」である。その音は古代ギリシャの伝統を踏まえると「産声の音」でなければならない。相対的に動いてはならないものなのだ。こうして、太陽を示す「ラ」の音は、産声の音（440ヘルツ付近の音）を示す「音名」へと固定されていくことになったのだ。

ラテン民族が、「ラ」の階名を、産声の音をあらわす「音名」に固定していったのは、ラテン民族の間違いなどではなく、古代ギリシャの時代にまでさかのぼる歴史に基づいた厳格な哲学的な理由からなのだ。

ドレミの呪文が人生を豊かにする

近年、世界統一をたくらむ悪の組織が、洗脳のために440ヘルツを使っているという陰謀論を唱える人もいる。ある定説を唱えると、陰謀だと主張したり、逆説を唱えたりする人は出てくるものだが、このような説を唱える人は、音楽の現場で、実際に音を奏《かな》でていない人だということがすぐにわかる。

440ヘルツで楽器をチューニングしようと思っても、440ヘルツぴったりにすることは不可能だ。一瞬、チューニングできたとしても、楽器は温度変化の影響を受けて、伸びたり、縮んだりする。そのことで、音の高さはすぐに変わってしまう。また、弦楽器の場合、弾いているうちに張力が落ちたりして、チューニングが狂ってしまう。コンサート会場で、演奏の合間にピアノを調律《ちょうりつ》している風景は珍しいものではないが、それくらい、楽器の音は不安定だということである。

そもそも、音合わせに使われる音叉《おんさ》がすでに狂っている。音叉は、熟練した職人の耳で微調整され、つくられていくが、それでも440ヘルツきっかりの音叉をつくることはできない。整数部分は440でも、小数点以下が0ではなく、端数《はすう》を持った狂ったものとなっている。日本の音叉が世界で最も優秀なものとして知られているが、その技術をもってしても、440ヘルツきっかりの音叉をつくることはできない。

仮に、440ヘルツきっかりの音叉ができたとしよう。しかし、ポケットに入れたり、手で持ったりして、音叉が温かくなると、音叉が伸びる。そのことで1ヘルツぐらいはすぐに音が低くなってしまう。また、使っているうちに、錆《さ》びたり、欠けたりし、音叉の音が変わっていく。狂った音叉でチューニングするわけだから、そもそもジャストなチューニングをすることは不可能なのだ。

コンピューターを使い、電気的に440ヘルツの音をつくったとしよう。しかし、それを耳にするには、ヘッドホンやスピーカーを介在《かいざい》させる必要がある。物資を介在させる以上、ヘッドホンやスピーカーの発音部位が、1秒間に440回の振動をし、440ヘルツの音を正確に発するという保証はない。小数点以下の数字の狂いは当然起こってくるだろう。

このような響きの現場の状況を踏まえると、陰謀論などに登場する「440ヘルツのチューニングは悪で、444ヘルツが善だ」といった議論は意味をなさなくなってしまう。

444ヘルツにチューニングしても、演奏中に音が下がって440ヘルツの音になってしまうということは十分に考えられる。そもそも444ヘルツきっかりにチューニングし、そのジャストな状態のまま演奏を続けることは無理なのだ。

だから、数字に対して、ガチガチの原理主義で考えないほうがよい。音に対しては、そんなおおらかな姿勢が大切だ。

私もこれまでの書籍で440ヘルツという言葉を使ってきたが、それは、あくまでも目安という意味である。440ヘルツ付近の産声の音で、あなたが気持ち良いと感じられる音を「ラ」の音にし、しだいに高度を上げ、霊的なパワーを増していく太陽をイメージしながら、「シ」は除外し、ド（ウト）・レ・ミ・ファ・ソ・ラと発声していこう。そのことで、グイードの呪文の効果が発動する。そのとき、産声の音が霊力を持つ瞬間を体験できるであろう。そして、産声の音がもたらす「命の光」が与えられるはずである。

ただし、ここに固執《こしつ》しなくてもよい。あなたが気持ちの良いと感じられる「ラ」の音は、日によって変わるかもしれない。その場合は、その状況に合わせて、柔軟に音の高さを変えてもよい。こうしたドレミの呪文の柔軟さが、相対的な音程関係を示す階名として使われていくことになったともいえる。

音楽を組み立てる道具としての階名「ド・レ・ミ・ファ・ソ・ラ・シ」はいままでどおり利用してもかまわないが、それとは別に、産声の音の「ラ」で終わるドレミの呪文も活用してみよう。きっと、この呪文が、あなたの人生を豊かなものにしてくれるはずである。

2章

邪気を祓い、神懸かりを起こす「古代楽器」と「パルス音」

弓や琴の音、発声によって呪力が発動する仕組み

ポケモン事件を引き起こしたパルス刺激

事件は1997年12月16日に起きた。放送されていたテレビアニメ『ポケットモンスター』を観ていた600人以上の人が心理的な発作に似た症状を起こして病院に運ばれ、130人以上が入院したのだ。病院に搬送された多くは子どもたちであった。

なにが子どもたちにこのような影響を与えたのだろうか。それは、光の点滅であった。その後の調査で、アニメの場面でチカチカと激しく点滅する刺激が続いたことで光過敏性発作《ひかりかびんせいほっさ》が引き起こされたということがわかった。大きな原因をつくったのは赤と青の光の点滅であった。網膜の周辺と中心部という異なる部位が、赤と青によって交替刺激されたことで、脳全体が非常に興奮させられパニックが起きたといわれている。

光の点滅が引き起こしたこの事件の症状は、大脳の神経細胞の過剰活動によって引き起こされる症状に似ていたといわれる。激しい痙攣《けいれん》、肉体的硬直、そして失神という脳のパニックは、かつては「狐憑《きつねつ》き」とも呼ばれ、「神懸《かみが》かり」もこうした状態になることが知られている。「ポケモンショック」あるいは「ポリゴンショック」という名で呼ばれるこの事件を記憶しておられる方は多いことだろう。

チカチカと点滅をくり返す刺激は人間に多大な影響を与えるのである。このように「断続的にオン・オフがくり返し与えられる刺激」を、本書では「**パルス**」と表記していく。

なぜ、オン・オフが断続的にくり返されていく刺激が人間に大きな影響を与えていくのだろうか。それは、人間が持つ「慣れ」の感覚に関係している。

なにかの匂《にお》いがするなと思っても、しばらくすると、私たちは匂いがあることを忘れてしまう。つまり、刺激を、刺激として感じなくなってしまうのだ。パルスは、この慣れの感覚を排除し、刺激を与え続ける効果を持っている。

刺激を与えたら、それをリセットし、次の刺激を与える。このようにして、オン・オフがくり返されるパルスは、慣れの感覚を排除し、新鮮な刺激を人に投じ続けることが可能となる。この結果、人間に強い刺激を与えることができるのだ。ポケモンの事件は、この強い刺激が引き起こしたものであった。

普通の音に霊力・呪力を込める方法

霊力・呪力を持つ音の代表として、1章で「産声の音」を取り上げた。しかし、産声の音を使わなくても、普通の音に霊力・呪力を込める方法がある。しかも、簡単に。それがパルスの活用なのだ。

時間の流れの中にパルス刺激を組み込むと、その時間の流れの中に霊力・呪力を宿すことができる。このパルスの効果を発揮させやすいのが光であり、そして音なのである。

光の点滅は明るい場所では効力を失いやすいが、音はそういったことがない。だから、パルスの力を日常生活で最も発揮させやすいのは、「音」だといえる。

みなさんも日々、音を使ったパルスを利用しているのではないだろうか。

たとえば、起床時間を知らせるアラーム音は、ピピピッ、ピピピッ……という断続的なパルスの音が耳元に届くようになっている。この音で、私たちは目を覚ます。もし、アラーム音が断続するパルス音ではなく、ピーという持続音だったら、一瞬、目が覚めても、慣れの効果が働いて、音の刺激を忘れ、寝入ってしまうはずだ。それを防ぐために、アラーム音には強い刺激を与えるパルス音が採用されているのである。

パルスによる音の提示は、恍惚《こうこつかん》感をも生む。音楽家たちは無意識のうちに、そんな恍惚感を求めて、音をパルスにして提示している。

ロックやダンス音楽を支えるパルス

巨大なスタジアムに、何万人も集めたコンサートがおこなわれている。なにが、あれだけの数の人たちを惹《ひ》きつけているのだろう。それはパルスだ。

低音をドーンと引き伸ばすのではなく、パルスの手法でド、ド、ド……と分断して提示していくと、体が音に合わせて動きだす。ここにチ、チ、チ……という金属系打楽器のパルス音が加わり、さらに、ドン・パン、ドン・パン……というベースドラムとスネアドラムが、音の流れを効果的に分断し、パルスを強調させていく。このようなパルスの土台の上に、さまざまなメロディーやハーモニーをのせているのが、ロックを代表とするポピュラー音楽である。人々の心は、こうしたパルスが音に与える霊力、呪力によって鷲掴《わしづか》みにされ、揺り動かされ、高揚していく。精神だけではない。体も自然に動き出す。ダンス音楽は、パルスなしでは成り立たないほどだ。

現代の音楽も、古代の音楽も、人々の心をとらえ、高揚感を与える原理は共通している。それがパルスなのだ。パルスによって、ただの音は霊力・呪力の宿った特別な音になり、その音に触れる人間の心もまた特殊な状態になる。

非常に古い時代は石と石をぶつけたり、木片を叩いたり、手拍子、足拍子のように人間の体を使ってパルスをつくり出していた。

やがて、太鼓のような楽器や、金属系の打楽器が用いられるようになっていくが、これらの楽器が放つ音は、やはり、パルスなのである。そして、太鼓や金属系打楽器が放つパルス音が、特殊な意識の状態を誘発させていく。このような古代のパルス音楽は、いまも、世界の宗教儀礼や伝統芸能の中に聞くことができる。

使われている楽器が電気を使った楽器になっているだけで、現代人の心をつかんでいる音楽も、土台となっているのは、ロックに代表されるようにパルスによる音の提示である。音を発する「楽器」は進化しても、音を発する「方法」は古代からなんら変わっていないのだ。それが、パルスなのだ。

刺激のオン・オフによるパルスは、理性というものを超越した、人間の根源的な部分を鷲掴みにして揺り動かす。ドーンという持続する音を分断して、ドン・ドン・ドン……と、パルスにして聞かせると自然に体が動いてくる。オン・オフ交替のスピードを上げ、ド・ド・ド……とテンポを速めると、作用はますます強くなる。巨大なスタジアムに数万の人々を集め、人々を瞬時に熱狂させるのは、このパルスの力なのだ。

パルスは変性意識状態をつくる

私は、「神」の定義を「時間・空間を超越した多次元・多層世界に同時に存在するもの」としているが、パルスは、人類に対して、時代や場所を超越した普遍的な力を放っている。このような超越性を示しているのは、パルスが神に帰属する霊力・呪力を人類に与えており、「神の世界（異界）」に私たちの意識をつなぐ「架《か》け橋」となっているからだ。特に、音を使ったパルスは、意識を異界につなぐ効果が非常に強い。

そのような意識の状態は「変性《へんせい》意《い》識《しき》状態《じょうたい》（altered state of consciousness）」と呼ばれることが多い。「変性意識状態」は、１９６０年代後半から、アメリカの心理学者チャールズ・タート（１９３７〜）がポピュラーにした言葉で、普通の目覚めている状態とは異なった、多種多様な意識の状態を総称するものとして使われてきた。

本書でも、非日常的な領域（異界）にまで意識が拡大した、いわゆる、神懸かりという状態から、日常生活で得られる快のレベルをはるかに上回る恍惚状態など、パルスが与える霊力・呪力によって変容《へんよう》した、さまざまな「日常レベルとは異なった意識の状態」を「変性意識状態」として記していくこととする。

超能力現象とパルスの関係

精神（心）と物は、別のものではなく、不可分なものだということを示す事例がある。「アポーツ」である。

画像などのデータを、インターネットを使って離れた場所に転送することは、私たちは日常的におこなっている。同じように、目の前の物体を離れた場所に瞬間移動させる能力を持つ人もいる。この物質の転送がアポーツである。

「超能力」と呼ばれる力は「人間の潜在能力」であり、誰もが開発できるものだ。その超能力の開発を国家事業としておこなっているのが中国である。私は何度か中国の現場を視察し、規模の大きさに驚いたものだ。中国では、超能力者を「特異功能者《とくいこうのう》」と呼び、彼らの協力のもと、さまざまな実験をおこなっている。物品を瞬時に別の空間に移動させるアポーツの実験もそうだ。

アポーツの実験には、FM電波を出す小型の発信機が使われ、特異功能者が、目の前の発信機を目の前から消し、何キロメートルか離れた場所に出現させるという実験がおこなわれていた。その実験の経過は次のとおりである。

まず、特異功能者が、発信機を前に念をかけ始めた。すると、初めのうち、発信機は定常値を発しているが、そのうち奇妙な現象が見られ始めたのだ。

信号を発している発信機は、確かに目の前にあるのに、発信し続けているはずの信号が断続的に消え始めたのである。つまりパルスが観測されたのだ。

そのサイクルが興味深いのである。最初、プツーン、プツーンと大きな間隔《かんかく》で、発信機の信号のオン・オフが観測される。それが、やがて、プツン、プツンに変わり、そのうちに、パッパッ……と、電波の消えたり出たりするオン・オフの間隔が、だんだん短くなっていくのである。

電波のオン・オフのスピードが激しくなってくるにつれ、発信機にモヤがかかったようになってくる。そして、電波が物凄《ものすご》いスピードで、オン・オフをくり返している最中に、発信機はスーッと消えていってしまったのだ。その瞬間、電波もプツンと消えてしまった。

続いて、この発信機から発せられる信号の挙動を観察していた受信機に、奇妙な信号が入り始めた。信号なしの状態であった受信機に、激しい電波信号のオン・オフの信号が観測され始め、しだいにそのスピードがゆっくりになっていった。すると、離れた場所に、先ほど消えたはずの発信機が、スーッと姿をあらわしたのだ。

これが、FM電波を出す小型の発信機を移動させ、その様子を受信機で追跡するというアポーツの実験である。これは1980年代の様子なので、現在は、実験方法はもっと洗練され、進化し、実験の結果が応用されているはずだ。これはアメリカで、今現在進行している研究であり、本来、日本が最も先端をいっていた研究であった。

現在のアメリカでの超能力の捉え方は、アニー・ジェイコブセン著『アメリカ超能力研究の真実』（2018年）に詳しい。

オンとオフのくり返しが、量子レベルのオンとオフに同調した途端《とたん》、空間の壁を通り越し、向こう側にいって（アポーツして）しまう。これは、量子力学の世界の人が非常に注目している話だともいう。

「遠くだと、飛ばしにくい」という先入観がアポーツの実験を妨げるようだが、催眠術などで、こういった意識を排除すると、アポーツの距離は、遠くても近くても、まったく関係なくなる。「距離」というのは、人間がつくり出した幻想なのかもしれない。

「神懸かり」を誘発するパルスの秘密

ここで興味深いのは、神懸かりを目的とした日本の伝統的な巫女舞《みこまい》だ。回って、回り返すという左右の交互回転が、巫女舞の基本形にある。

左方向、あるいは、右方向のどちらか一方向に回っている状態はオン。左回転から右回転へ、あるいは右回転から左回転へと方向を変える時、いったん回転を止めるが、その瞬間がオフだ。

神懸かりを起こす巫女舞

巫女が、神懸かるとき、右回転と左回転を交互にくり返していく。最初、ゆっくりと交替していた回転方向が、神懸かりの状態が近づいてくるにつれて、右回転と左回転の反転、つまり、オン・オフの間隔が短くなり、そして、オン・オフの反転のスピードが猛烈に激しくなった瞬間に神懸かるのだ。

神懸かりとは、コチラ側（日常の世界）にある意識がアチラ側（神々しい異界）に飛んでいくことと見ることができるが、この意識の転送を引き起こすパルスのタイミングは、物品の瞬間移動（アポーツ）の実験で観測されたものとまったく同じなのだ。

意識もエネルギーだといわれる。この「エネルギー」が凝り固まったものが「物質」だと見なせるという方程式を発表したのはアルベルト・アインシュタイン（1879〜1955）だが、そうすると、意識も物質も、空間の瞬間転送の際、共通する法則の支配下にあるということがいえる。この重要な法則に関係しているのがオン・オフのパルスなのだ。

神社で、神事が挙行される際、太鼓が打たれる。ドーン、ドーンと、最初はゆっくり、それが、しだいに、ドン、ドンと速く打たれ、最後はド・ド・ドと高速の連打となり、最後にドンと一発打たれて音が消え、その後、神事が挙行される。これは、アポーツの実験で観測されたパルスと同じ打ち方だ。このパルスのタイミングは神懸かりを誘発するものでもあった。

太鼓の音を使って、その場にいる人の意識をアチラ側に転送しようとしているのである。

このような、集団を一気に神懸かりの状態（変性意識状態）に導く音の使い方は、古代人の音に関する叡智《えいち》の結晶といえるものだ。それが、神社の太鼓の打ち方の中に残されているのである。

この音使いは、いまもダンス音楽では多用されている。特に10万人以上を集めておこなわれるエレクトロニック・ダンス・ミュージック（ＥＤＭ）の野外フェスティバルでは、人々を熱狂させる音楽の「秘薬」として、随所に、ドーン、ドーン、ドン、ドン、ド、ド、ドという、神社太鼓と同じタイミングのパルスの音使いが利用されている。この音使いで、人々は忘我《ぼうが》の境地（変性意識状態）に入っていく。これは、集団的な現代の神懸かりといえなくもない。パルスの効果は、現代においても、いささかも色褪《いろあ》せていないのだ。むしろ、楽器やＰＡ（Public Adressの略で、マイク、アンプ、スピーカーなどの音響機器全般をさした言葉）といった、音を発する装置が進化したことにより、パルスの効果が高められ、変性意識へと導く霊力・呪力が高まっているとさえいえる。その霊力・呪力は、ライブでパルスの音のシャワーを浴び、意識がどこかへ飛んでしまった経験を持つ人には、よくわかってもらえるはずだ。

物がパルスによって、アチラ側に運ばれていく。意識も同じように、パルスによって、距離の概念を超えたアチラ側に運ばれ、コチラ側にいるときとは異なる変性意識状態を引き起こす。このパルスの作用は、時代や場所を超越した普遍性を持っているのだ。

本書では、「コチラ」という言葉を「日常的な意識状態で感じている世界」として、「アチラ」という言葉を「変性意識状態で感じる異界の総称」として用いる。本書で記す「アチラ」とは、必ずしも「死後の世界」に限定したものではない。

それでは、古代の人はどのような楽器を使って、パルスの効果を得ていたのかを見ていこう。「アチラ」に意識を飛ばす、古代人の発見した音のテクノロジーの凄《すご》さがわかるであろう。

縄文の「聖なる弓」が意味するもの

パルスを使った音は、意識をアチラ側につなぐ古代人の叡智といえるものだ。神々しい世界との交流を仕事としていた古代の巫女をはじめとするシャーマンは、パルスを発する楽器を愛用してきた。その代表的な楽器は、「弓」なのだ。

弥生時代に比べて、縄文時代の絵は少ない。残されている縄文時代の絵で注目されるのが、弓の絵である。青森県八戸《はちのへ》市の韮窪《にらくぼ》遺跡の縄文土器の表面にそれを見ることができる。これは狩猟文《しゅりょうもん》土器と呼ばれている。

この土器の絵をよく見ると、弓を射《い》る人は描かれておらず、弓だけが、単独で大きく描かれている。人間とは区別され、弓そのものが神聖視されていたことが、ここからわかるのだ。縄文時代、弓は神々しさの象徴となっていたのである。

青森県八戸市の是川中居《これかわなかい》遺跡からは、興味深い縄文時代の弓が、きわめて良好な姿で出土している。ここで目を引くのは、赤い漆《うるし》で塗られた豪華な装飾がほどこされた弓だ。他にも弓が出土しているが、それらは白木の弓で、実用的な約１２０㎝や約１７０㎝のサイズのものである。

他の実用的な弓に比べ、この赤弓は、全体の下地が赤色の漆で塗られており、上面には、黒色の染料を約３㎝の間隔で２本、細い平行線を描くように彩色されている。さらに中央には文様として、より糸のかがりを巻くなど、たいへん豪華な飾り弓となっている。サイズも約70㎝と小型である。

他の実用的な白い弓に比べ、この赤い弓は、しなわない柳の木でつくられていることから、

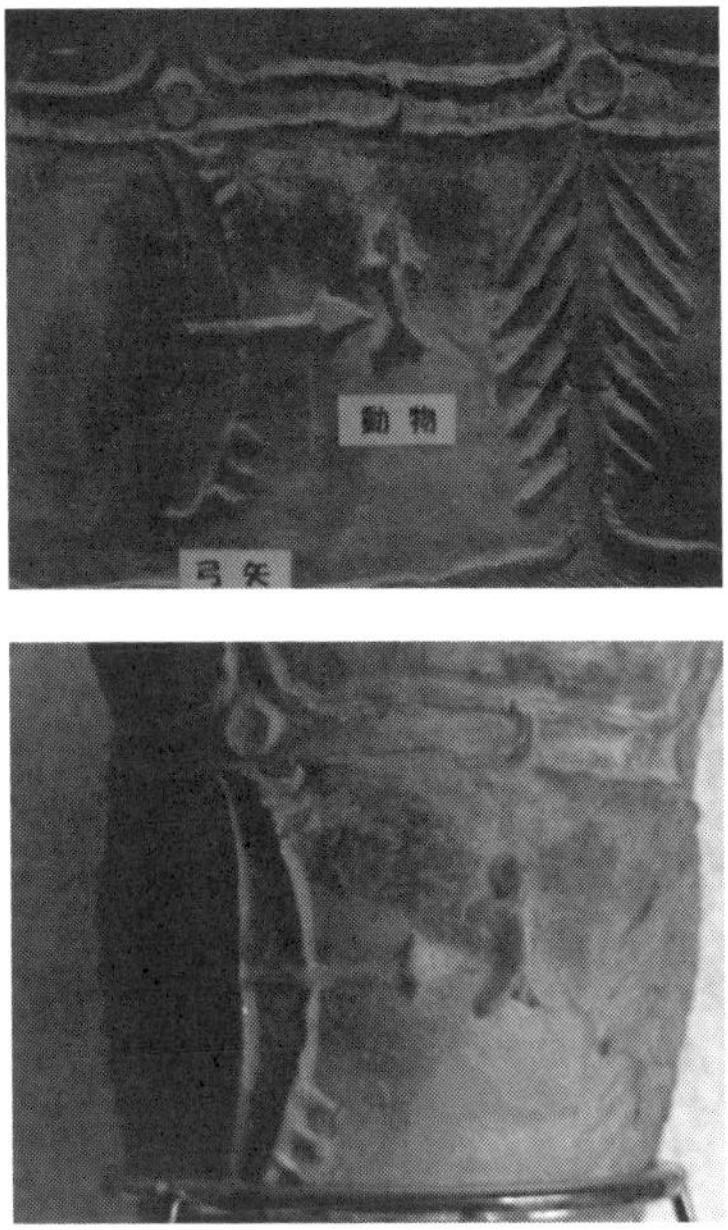

土器に描かれた弓。韮窪遺跡（青森県八戸市）出土

狩猟用ではなく、神事に使われていた聖なる弓だと見られている。では、どのような形で神事に使われていたのだろうか。歴史の流れから考えると、この赤弓は「楽器」だった可能性が非常に高い。

異界へのゲートを開く弓の音

縄文土器に大きく刻印された弓には、縄文人の弓に対する神聖な価値観が投影されている。自分より強く、足が速く、空を飛ぶなど、能力的にすぐれた動物を倒す強大な力を弓は放つ。このように人間を凌駕《りょうが》する力を発する弓は、縄文人にとっては驚異であり、この驚くべき力は、神々しい世界から、弓を経由してもたらされると考えられていた。縄文人は、弓に神々しい世界を重ねていたのだ。このような弓に対する思いが、狩猟文土器に刻印されているのである。

弓が、神々しい世界から強大な力をもたらし、その力を発動させるのは、矢が放たれる瞬間だ。その瞬間、耳もとでビュンという弦の響きが聞こえる。この音に、古代人は特別な意味を与えていった。それは、神々しい世界からやってくる力が発動するときの音である。だから、古代人は、その音に、神と形容されるような、聖なるなにかに帰属する霊力・呪力が宿ると考えたのだ。弓の弦の音を鳴らす神事は、ここから生まれた。

弓から発せられる音を使った神事は、日本の場合、もともとは誕生儀礼に付随するものだった。古代の死生観では、この世とあの世の往来、すなわち、生まれ変わりという考え方は、ごく一般的なものであった。縄文時代も同様であり、ビュンという音を発して弓から放たれた矢は命を奪うが、その命はどこかで蘇《よみがえ》ると信じられていた。弓の弦が発する音とともに、コチラ側からアチラ側へと命が移行していく様子を眺めていた縄文人は、弓の音が、生と死の境界にあるゲートを開き、コチラとアチラの世界をひとつにしていくと考えた。この縄文人の考え方を、古代の人々は継承していったのだ。

弓の音によって、コチラの世界とアチラの世界がひとつになるという考え方を持っていた古代の人々は、こうして、誕生儀礼に弓の音を使うようになるのである。アチラ側にあった命をコチラ側に無事に導くためには、生死の境にあるゲートが完全に開いていなければならない。ゲートの開き方が不完全だと、命は無事にコチラ側にたどり着けずに死産となる。そう考えた古代人は、弓に張られた弦から音を発し、その音の霊力・呪力によって、アチラとコチラの接点となるゲートを全開にしようとしたのである。弓の弦の音を鳴り響かせる神事が、もともと誕生儀礼に付随していたというのは、このような背景があるのだ。

その神事の起源を縄文の赤い呪術弓が示しているのである。縄文時代、赤は「生命」の象徴であった。縄文の赤弓は、命をコチラ側に呼び戻す呪術弓なのだ。

その命は、人間の命に限定するものではない。弓がアチラ側に移行させた動物の命であり、大地に実りをもたらす広い意味での「イノチ」なのだ。このような豊穣を祈願する呪術に、この赤い弓が楽器として使われていたとみられるのだ。この弓を「楽器」として用いる縄文の呪術を、古代人は、さまざまな神事に応用させていくことになった。誕生儀礼はそのひとつにすぎない。

古典文学に記された魔除けの力

弓の音に霊力・呪力が宿るという考え方は縄文時代にまでさかのぼるものだが、廃《すた》れることなく、弓の音は、さまざまな神事に使われた。誕生儀礼の他に、弓の音は、神仏・神霊の「声」として神聖視され、場を清めたり、悪霊や妖気などを祓《はら》ったりする神事に使われていたのだ。

鎌倉時代に成立したとされる『平家物語』巻第四「鵺《ぬえ》」には、「丑《うし》の刻（午前2時頃）になると、黒い雲が御殿《ごてん》の上にかかり、天皇が夜毎《よごと》に苦しんでいたため、祈禱《きとう》がおこなわれたが、まったく効果がなかった。そこで、今度は、弓の弦の音を3度、あたりに大きな音で響かせて場を清めたところ、天皇の苦しみがおさまった」というくだりがある（巻末資料1）。

また、平安時代（11世紀初頭）に成立した『源氏物語』の「夕顔《ゆうがお》」にも、弓の弦を鳴らし、不浄な気配を清める場面がある。

紙燭《しそく》さして参れ。随身《ずいじん》も、弦打《つるうち》して、絶えず声づくれと仰せよ。

（灯《あか》りをつけて持ってきなさい。警護の者には、弓の弦を鳴らし、絶えず音を立てて魔性に備えるように命じなさい）

北野天満宮が所蔵している13世紀初頭の「北野天神縁起絵巻」に、弓を床に立て、左手で支え持ち、右手で弦をはじくという「鳴弦《めいげん》の儀」をおこなっている様子が描かれている。弓の弦を指ではじいたり、棒で打ったりして、音を発し、その音で魔除けをおこなうという鳴弦の儀は、現在も見られる。

この起源は、縄文時代の呪術弓にさかのぼるものなのだ。弓が、神々しい世界から強大な力をもたらし、その力を発動させる瞬間に発する弦の音に、神々しいなにかを感じていた縄文人の思いは、古代人を経由し、現代の神事にまで流れ込んでいる。

しかし、これはたいへん不思議なことだ。いまから3000年以上前の縄文時代の頃から、現在に至るまで、コチラとアチラをひとつにつなぎ、神々しい世界からの恩恵をもたらす重要なものとして、なぜ、弓の音が使われ続けているのだろう。なぜ、廃れることがなかったのだろう。それは、弓の音に秘密が隠されている。その秘密とは、パルスなのだ。

弓の音が発する霊力・呪力の正体とは

弓の弦の音に霊力・呪力を感じた古代の人々は、さまざまな神事に弓の音を用いてきた。では、どのような音が、弓の弦から発せられていたのだろうか。パルスなのだ。

当初は、矢を放つ要領で、張られた弦を指で引っ張り、そして弦を放すことで、ビュンという音を弓から響かせていた。しかし、この音はすぐに消えてなくなる。空間を、弓が発する聖なる音で満たすためには、何度も指で弦をはじく必要がある。短時間なら大丈夫だが、長時間に及ぶと指を痛めてしまう。そこで、弓につがえる矢や、木の棒で弦が叩かれるようになった。それだと指を痛めることはなく、長時間、弓の弦から発する音で空間を満たしていくことができる。弦を指ではじいたり、棒で叩いたりすることで発せられるビン、ビン、ビンという弓の音、これこそ、パルスなのだ。

パルスは、変性意識状態をもたらす。そのような状態になると、コチラ側にある意識をアチラ側に自由自在に飛ばすことが可能となる。弓の弦から発せられる音がコチラ側とアチラ側の境界にあるゲートを開けるという考え方は、弓から発せられるパルスが引き起こす変性意識状態における感覚から生まれたものなのだ。

また、変性意識状態に入り、コチラとアチラの境界が希薄になるにつれ、神々しい世界からのエネルギーやさまざまな情報を自分自身に引き込むことができる。変性意識状態のときに得られる恍惚感はここから得られるものだ。

変性意識状態に入ると、自分自身がアチラとコチラをつなぐ「通路」になって、アチラから引き込んだものをコチラに放つことができるようになる。これが、弓の音で魔を祓う仕組みなのだ。弓そのもの、あるいは、弓の音から、聖なるパワーが放たれるのではない。弓の音から発せられるパルスによって変性意識状態になった人が、いわば、「アチラの世界の代理人」となって、つまり、「通路」となってアチラ側にある聖なるエネルギーを放ち、コチラ側の悪しき波動を消していたのだ。

パルスが人間に与える影響は、縄文時代も現在も変わらない。そんな時代や場所を超越した普遍性を持っている。だからこそ、パルスによって生み出される人間の変性意識状態を活用する神事が、数千年以上も廃れないのだ。

このことは、こうもいうことができる。パルスを使うことで、私たちは、「神々しい世界の代理人になれる」ということなのだ。パルスはそのような霊力・呪力を持っており、誰もが、パルスを活用することで神々しい力を放つことができるようになり、そして、アチラの世界から人智を超越した情報を手にすることができる。パルスを上手に活用することで、誰もが神《しん》人《じん》・超人になれるというわけなのだ。事実、弓は、そのような目的を持った楽器として、日本で発展していった。その証拠を示していこう。

なぜイタコは梓弓を持つのか

亡くなった人を呼び寄せ、亡くなった人の言葉を発する「口寄せ《くちよ》」で知られるのがイタコと呼ばれる巫女である。青森県、秋田県、岩手県などでは、イタコがいまだ健在である。ただし、その数は年々、少なくなっているので、国の「記録作成等の措置を講ずべき無形の民族文化財」に指定されている。残しておくべき、日本の大切な無形の文化財となっているのには理由がある。

イタコは、縄文時代から引き継がれてきた、弓から発せられるパルスを使った意識変容の音のテクノロジーを継承する稀有《けう》な存在だからだ。彼女たちが持つ弓は「梓弓《あずさゆみ》」と呼ばれ、古代人と同様、弓の弦を棒で叩くことでパルスを発生させ、変性意識状態をつくって、コチラとアチラの垣根《かきね》をなくし、口寄せをおこなうのである。

いまは、梓弓は、イタコが持つ呪具という認識を持たれているが、かつては、コチラとアチラの相互交流（必ずしも口寄せに限定するものではない）を目的とするシャーマンが普通に手にしていた「聖なる弓」であり、その起源は縄文時代の呪術弓にまでさかのぼる。なんと、数千年前と同じ、パルスを使った弓の呪術が、いまも日本では生きているのだ。

それでは、どのようにパルスが活用されてきたのかを詳しく見ていこう。弓の弦から発せられるパルスを使って意識を変容させ、アチラとコチラをひとつにしていくというテクノロジーの歴史をたどっていくことで、パルスが人間の意識に与える時代や空間を超越した、普遍的な霊力・呪力の凄さを確認できるはずだ。以下、パルス発生装置としての弓を「梓弓」や「叩き弓」と表現していく。「叩き弓」と記すが、叩かれるのは、もちろん弓の「弦」である。

梓弓に込められた霊力・呪力の歴史

平安時代の中期（1030年頃）に藤原明衡《ふじわらのあきひら》が記した『新猿楽記《しんさるがくき》』に「四御許者覡女也、卜占、神遊、寄弦、口寄之上手也」の言葉が見られる。覡女《かんなぎ》とは巫女のことであり、寄弦《よつら》とは「梓弓の弦を打ち鳴らすこと」で、巫女が祈禱をおこなうのに先んじてこれをおこなったとされている。つまり、まず、叩き弓が発するパルスの音によって変性意識の状態をつくり、異界へのゲートを開けていたということが記されているのだ。そのことを、梓弓の弦を叩き、神霊を寄り付かせ、「卜占《ぼくせん》、神遊《かみあそび》、口寄《くちよせ》」がおこなわれていたと表記しているのである。

１６９０年の『人倫訓蒙図彙《じんりんきんもうずい》』には、箱の上に置いた弓を左手で固定しながら、右手に持った棒で叩いている巫女の姿、そして、それを聞いて泣いている人が描かれ、その巫女の背後には「くちよせ」と記されている。現在も、３００年以上前に描かれた絵と同様の光景が、東北地方を中心に見られるのだ。

人倫訓蒙図彙。梓弓を手にする巫女の後に「くちよせ」と記されている。

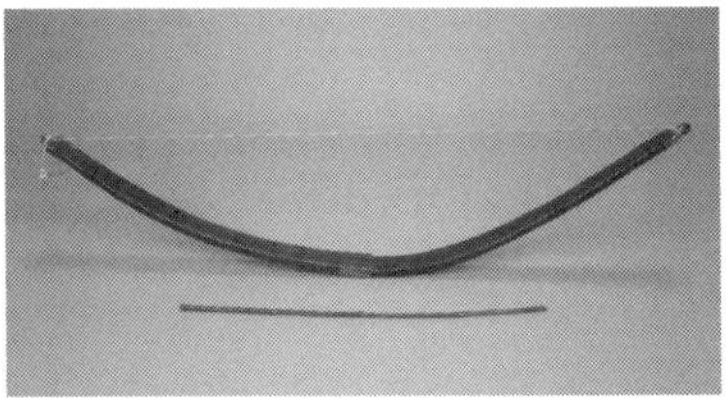

異界へのゲートを開く梓弓（国立民族学博物館所蔵）

弓に麻縄《あさなわ》の弦を張り、それを篠竹《しのだけ》の棒で叩いてパルス音を発生させていく。しかし、それだけでは大きな音にならないので、弓の音を増幅させるため、箱の上に弓を置き、弓が叩かれる。そのことで弓を固定する箱が「共鳴箱」となり、弦の音が大きくなるのだ。ギターやヴァイオリンなどの弦楽器も、弦だけでは大きな音にならないので「共鳴箱」のボディを持っている。これと同じ理屈である。弓を楽器として扱っていたことが、ここからもわかるのだ。

現代のイタコのスタイルも、「人倫訓蒙図彙」の絵とあまり変わらない。イタコも梓弓を箱の上にのせて、弓を叩く。弓が動かないように、完全に箱にくっつけて固定している場合が多い。その箱は「外法箱《げほうばこ》」と呼ばれ、イタコの「守り神（仏）」がおさめられている。

弓を叩くことで、その箱が共鳴していくわけだが、それは、イタコにとっては、自身の守り神が歌うことと同義である。この歌を聞きながら、イタコは忘我の境地（変性意識状態）に入っていく……。その神仏の歌こそ、パルスなのだ。

こうして、イタコが修行の後、理想的な変性意識状態を得て、初めて、コチラ側とアチラ側の垣根をなくし、自由に行き来できるようになることを「弓開《ゆみびら》き」という。そして、イタコがアチラ側からの情報をうまく媒介し、口寄せができるようになったことを「弓渡《ゆみわた》し」という。それらの「弓」とは「梓弓」のことをさしている。

こうして、一定期間の修行を終えると、梓弓を棒で叩きながら、パルスの音で自身の意識を変容させ、神や仏の加護を得て、口寄せをおこなっていくのである。梓弓を叩くことから、イタコは梓巫女《あずさみこ》とも呼ばれる。

太鼓は「叩き弓」の代替品として生まれた

室町時代に成立したとされる能《のう》の『葵上《あおいのうえ》』は、『源氏物語』の「葵《あおい》」に題材をとったものだが、ここで梓弓を使う巫女が登場し、「やがて梓に御かけ候え（では、梓弓を鳴らして、霊を呼び出してください）」という求めに応じ、梓弓を叩いて音を鳴らし、「より人は今ぞ寄りくる長浜の芦毛《あしげ》の駒《こま》に手綱《たづな》ゆりかけ（梓の弓に寄ってくる霊よ、いまこそ姿を現しなさい。長浜の葦《あし》の原の中の芦毛の馬に乗り、手綱を揺らしていらっしゃい）」と歌いながら、六条御息所《ろくじょうのみやすどころ》の生霊《いきりょう》を導き出す。まさにイタコの口寄せと同じ情景が能で演じられていく。

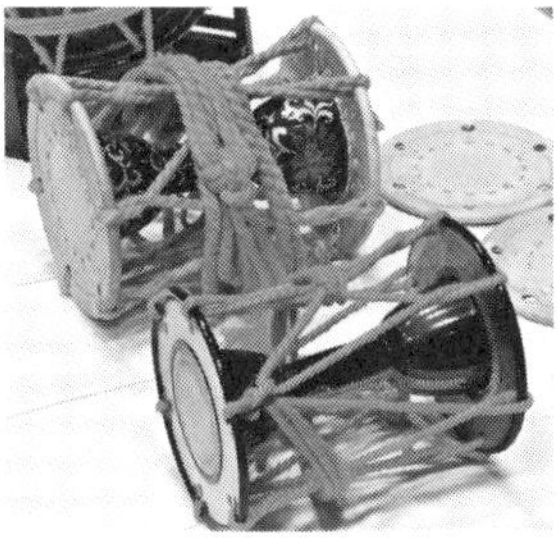
梓弓の役割をした小鼓

室町時代の風俗や流行が能に投影されていることから、当時、梓弓を使った「霊」の呼び出しはポピュラーなものであったことがわかる。かつての巫女は「死霊《しりょう》」だけではなく、生きている人間の激烈な情念である「生霊」とも、このようにコンタクトを取っていたことがわかるのだ。

能の『葵上』では、梓弓を使った巫女が、怨霊《おんりょう》となった六条御息所を呼び出す際、実際に梓弓は使われないが、ビーン、ビーンという弓の弦を叩くパルス音を小鼓《こつづみ》が模倣していく。

太鼓が梓弓の音を模倣するという設定は、祈禱の歴史を、非常に正確になぞっている。それを示しているのが、北東アジアのシャーマンである。シャーマンにとって打楽器は必需品だ。彼（彼女）らの多くが携帯するのは「一枚皮の太鼓」だが、この太鼓は梓弓と非常によく似た音を出す。北東アジアのシャーマンは、この太鼓のことを「弓」あるいは「歌う弓」と呼ぶ。太鼓が叩き弓の代替品であることを示しているのだ。

神仏を寄りつかせるために、叩いて音を発する神聖な道具は、太鼓よりも、叩き弓のほうが歴史的に先行していたことを、シャーマンの太鼓の名称が示しているのである。

北東アジアでは、太鼓を使わず、小さな弓を使って儀礼を進めるシャーマンも少なくない。悪魔祓いの道具として太鼓を使う北東アジアのシャーマンは、かつては弓を使っており、弓は魔を祓うだけでなく、諸霊を呼び寄せるためにも使われていたと語っていたという。この件に関する報告は、ウノ・ハルヴァの『シャマニズム』の中に詳しい。

能で、梓弓を太鼓の音で模写していくのは、こうした歴史の流れに沿《そ》ったものなのである。

『万葉集』に詠まれた梓弓

いまから1200年ほど前（奈良時代）に成立したとされる、日本最古の現存する和歌集『万葉集《まんようしゅう》』には、「梓弓」を詠《よ》み込んだ歌が、30首を超えている。

「梓弓　爪引《つまび》く夜音《よおと》の　遠音にも　君の御幸《みゆき》を　聞かくし良しも」が、よく知られた歌だ。この歌の大意は、「夜半、魔を祓うために宮中の衛士《えじ》たちが鳴らす梓弓の音が遠くに聞こえています。わが君が外出される様子を、遠くからでも、うかがい知るのはうれしいことです」である。天皇などの貴人が外出する際、宮廷警護の兵士たちが、魔除けのために弓を鳴らすという当時の風習（鳴弦《めいげん》の儀）が歌われている。

この歌では、実際の「梓弓」を名詞として詠み込んでいるが、梓弓の放つ音の霊力から、梓弓は「春」の枕詞《まくらことば》にもなっていく。冬から春への季節の切りかわりに、奈良時代の人々は、魔が祓われたかのような安堵《あんど》を感じ、「梓弓に弦を張る」の「張る」の発音が「春（ハル）」と同じであることから、春のイメージを導く「枕詞」として、「梓弓」を使っていたのである。

たとえば、このような感じである。

梓弓　春山近く　家居《お》らば　継ぎて聞くらむ　うぐひすの声

大意は、「春山近くにお住まいでいらっしゃるなら、絶えず聞いておられることでしょう。ウグイスが鳴いている声を」で、梓弓が、春のさわやかなイメージを喚起《かんき》させる枕詞となっている。枕詞として使われているため、歌意の中に、梓弓そのものは登場しない。枕詞とは、このように、次に導かれる言葉のイメージを前もって喚起させる働きを持った言葉なのである。

万葉集の中で、梓弓は、「引き」「末（将来）」のイメージを喚起させる枕詞としても使われている。

これは、梓弓の音で神霊を引き寄せる巫女のイメージがもとになっている。梓弓で変性意識状態をつくって将来（末）を占うのも巫女の仕事だ。「枕詞」は、神事の場（祭りの庭）や、神の言葉を発する巫女に関わるところから出ている言葉に起源があるといわれている。「梓弓」が枕詞として使われていったというのは、枕詞の歴史を考えると、納得できるものがある。

「梓弓」が、魔除け、神霊の引き寄せ、占いなどのイメージを与える枕詞として使われていったというのは、万葉集がつくられた奈良時代の人々にとって、梓弓は一部の人だけが知っているといった特別なものではなく、梓弓を使った神事のイメージを共通認識として持っていたということを意味している。だからこそ、「梓弓」は、共通したイメージを人々に与える「枕詞」として使われていったのだ。

「梓弓」を詠み込んだ歌のほとんどが恋愛成就の祈りの歌の様相《ようそう》が強い。死んだ人の霊だけではなく、生きている人の霊までも引き寄せる梓弓の「音の霊力」にあやかろうとしているのである。そのため、「梓弓」の言葉をイメージ喚起の枕詞として使ったり、もっと具体的に「梓弓のように……」という比喩の形で詠み込んだりして、苦しい恋からの解放や恋愛成就を梓弓に託そうとしているのだ。その思いは、梓弓を叩くように激しい。

いくつか、例を挙げよう。

梓弓　末《すえ》はし知らず　然《しか》れども　まさかは君に　寄りにしものを

（先のことはどうなるかわかりません。でも、いまこの瞬間、わたしは、愛しいあなたに引き寄せられ、お慕い申しているのです）

梓弓　引きみ緩《ゆる》へみ　来《こ》ずは来《こ》ず　来《こ》ば来《こ》そをなぞ　来《こ》ずは来《こ》ばそを

（私の気持ちをたぐり寄せたり、突き放したり。来ないなら来なくていいし、来るなら来たらいいのに、それをなぜ、来るとか来ないとか……）

今さらに　何をか思はむ　梓弓　引きみ緩《ゆる》へみ　寄りにしものを

（いまさらなにを悩んだりいたしましょう。梓弓を引いたりゆるめたりするようにしてあれこれ思い悩み、私の心は、あなたに決めてしまったのですから）

梓弓　引きてゆるさず　あらませば　かかる恋には　あはざらましを

（梓弓を引きしぼってゆるめないように、心を許しさえしなかったら　このような切ない恋に出くわさずにすんだのに……）

日本では「梓の木」でつくられた「丸木弓の弦」を指ではじいたり、木の棒で打ったりしながら、魔を祓ったり、神仏と呼ぶべきなにかと一体化したり、死者や生霊を呼び寄せたりする梓弓の呪術が古くからあったことがうかがえる。イタコのような梓巫女が、奈良時代にも活躍していたことが日本最古の和歌集『万葉集』からわかるのである。

イタコの仕事は死者の口寄せだけだと思われがちだが、それは一部である。アチラ側から啓示を得て、集落の進むべき方向に関するアドバイスもおこなう。これは、非常に古い時代の巫女の役割でもあった。

現在、祭祀の中心的な役割を果たしているのは、男性だが、古代にさかのぼるほど、女性の役割は重大であり、神懸かりの主役は、あくまで女性であって、奈良時代以降の祭祀の執行にあたっても、なお巫女が、中心的な役割を果たしていたことが知られている。

イタコは珍習奇俗ではない。古代の日本において広く見られた巫女の形態なのだ。古代は、神意を託宣《たくせん》する巫女を中心に共同体が動いていた。その託宣を得るために、梓弓から発せられるパルスが利用されていたのである。

弓は世界的にも聖なる楽器

弓から発せられるパルス音を使って変性意識を誘発させ、さまざまな呪術がおこなわれていた例は世界に広く認められる。日本の縄文時代と同じように、原始的な狩猟の弓が「楽器としての弓」に派生していった例は、世界中で見られる。弓から発せられる音はそれほど大きくないため、イタコが用いた共鳴箱のような、音を増幅させる共鳴器がさまざまに工夫されている。

小さな弓を口でくわえて演奏する口琴《こうきん》は、アイヌなどで見られるものだが、口の中を共鳴器として使っている。

狩猟の弓をそのまま楽器にしている民族は、いまもアフリカで見られる。2mほどの弓を、共鳴器としての「伏せた食器」に押し当て、弦を指ではじいたり、棒で叩いたりして音を出す。この棒は叩くだけでなく、弦を棒で押さえ、音の高さを変化させるのにも用いられている。

狩猟に使う弓を即席の楽器にするのではなく、弓にヒョウタンなどの共鳴器を取りつけ、最初から「楽弓《がっきゅう》」として使われている例もある。指を痛めるため、こうした楽弓は、棒で叩かれることが多い。弓に共鳴器を取りつけ、棒で叩くスタイルの「楽弓」は世界中で見られる。ブラジルの民族楽器「ビリンバウ」も、この種の楽器である。イタコの梓弓も、このような「叩き弓」の系譜なのだ。

弓を棒で叩いて音を発する「楽弓」の例を記したが、音の高さを変えるのは容易ではない。そこでひとつの共鳴器に、複数の弓を固定するという発想が生まれた。マレー半島のサカイ族は、大小ふたつの弓を固定した楽弓を用いる。このような発想が、複数の弦を共鳴器に張る「琴」の形態を生むことになるのだ。

「お琴」に受けつがれる聖なるイメージ

楽器名に「お」がつけられるのは琴だけだ。「お琴」とはいっても「お尺八」とは普通いわない。「おヴァイオリン」といったらますます変だ。

なぜ「琴」だけに「お」が付随するのか。それは、神と人間をつなぐ聖なる楽器であった古代の聖なるイメージをひきずっているからである。

現在、私たちが「お琴」という言葉でイメージする楽器は、平べったく、細長い箱に弦が張られているものである。

弦が、箏柱《ことじ》という柱《じ》（ギターのフレットのようなもの）にのっているのが「ソウ（箏）」であり、のっていないものを「キン（琴）」として、古い時代は区別されていた。

ソウは、弦一本ずつに「柱《じ》」と呼ばれる駒《こま》を立てて音が定められる。一方のキンは柱を持たない。ヴァイオリンのように弦を押さえつけて音の高さを決めていく。同じような外見をしているが、ソウとキンは別な楽器と見なされていた。現在は箏も琴も「コト」と発音され、区別があいまいになっているが、弦を固定する柱があるほうがソウ、ないほうがキンである。

ソウとキンは、奈良時代に大陸からもたらされたといわれている。それ以前にも日本には、同じような弦楽器があった。それを「和琴《わごん》」という言葉で区別している。和琴も柱を持っている。

「コト」という言葉は、古い時代は弦楽器の総称であった。「ラッパ」という言葉が、金管楽器の総称として使われているのと似ている。

かつては、「キンのコト」「琵琶のコト」のように、弦楽器のそれぞれの固有名詞の後に「コト」という言葉がつけられていた。つまり、ソウとキンは固有名詞、「コト」は総称名詞なのである。

これらを混同することは本来問題があるのだが、箏・琴・和琴の全般に付随する精神世界に光を当てていく関係上、煩雑《はんざつ》さを避けるため、本書での表記は統一的に「琴（コト）」としていく。

大自然と社会をコントロールする琴の音

「お琴」と「お」がつけられるのは、琴が、神霊・大自然・社会を動かす霊力・呪力を持っていると考えられたからなのだ。この考え方は、たとえば、奈良時代に編纂《へんさん》された『古事記』の歌の中に見られる（巻末資料2）。

大意は「破損した船を焼いて塩をつくり、その焼け残りの木で琴をつくって、かき鳴らすと、由良《ゆら》の海峡の海中の岩に生え、激しく揺れ動いていた海藻が、さやさやと響くよ」である。つまり、荒れている海が、琴の響きによって、穏やかになっていく様子が、海藻の動きで描写されているのである。

由良の門《と》（紀淡《きたん》海峡）は、かつては、その地最大の難所であった。「枯野《からの》」という高速船を焼いて塩をつくったところ、燃え残りがあり、それで琴をつくった。その琴から発せられる音が、海を鎮《しず》める呪力を発したという伝説が歌われているのである。この歌が示しているように、琴は、自然現象を変えてしまう力を秘める。これが、古代の日本人の考え方であった。

プラスの作用があれば、マイナスの作用も持つ。たとえば、オオクニヌシが、「根《ね》の国」での試練を克服し、逃亡する際、琴によって地震を引き起こすという『古事記』の記述がある。オオクニヌシが、根の国から逃亡する際に持ち出したとされるのが、生太刀《いくたち》、生弓矢《いくゆみや》、そして、「天の沼琴《あめのぬごと》」という琴である。逃走の際、この琴を木にぶつけたため、乱れた音が琴から発せられ、それに大地が反応し、大地震が起きたと伝えられている（巻末資料3）。

琴の音に、大自然はただちに感応すると、古代の人々は考えていた。調和の取れた響きに対しては穏やかに、乱れた響きに対しては、大自然も無秩序に激しく反応する。そのような力を琴が持っていると信じていたのである。

琴の響きが大自然をコントロールできるのなら、人間世界、つまり、社会の乱れをも整えることができると古代人は考えていた。その例が、奈良時代編纂の『日本書紀』に認められる。闘鶏御田《つけのみた》という大工が女官を犯したと誤解し、激怒した雄略《ゆうりやく》天皇が大工を死刑にしようとした。そのとき、天皇の侍臣《じしん》の秦酒公《はだのさけのきみ》が、大工の命を救うために琴を弾《ひ》いた。この琴の音を聞いて、雄略天皇の心が鎮まり、大工は許された（巻末資料4）。

この伝承は、天皇個人の問題だけではない。古代において、天皇は国家・社会そのものであるから、天皇の乱調《らんちょう》は国家・社会の乱れに直結する。天皇の心の乱れを正す力を琴が有するという伝承には、琴が、人心の乱れを広く正す働きがあるという、古代人の観念が投影されているのだ。このような琴の「聖なる力」に関する古代の記述は少なくない。

神と人をつなぐ琴の音

オオクニヌシが根の国から持ち出した「天の沼琴《ぬごと》」は「天の詔琴《のりごと》」とも呼ばれる。「詔《の》る」は「神の言葉（託宣）を下す」ことである。そのときに琴が弾《ひ》かれたのである。

古代人が、人と神の間に琴を置いていたことが、ここからわかる。琴は人と神をつなぐ聖なる存在だったのだ。だからこそ、琴に「お」がつけられているのだ。

『古事記』には、仲哀《ちゅうあい》天皇が琴を響かせると、神功《じんぐう》皇后が神懸かり、神の言葉を発したという記述がある（巻末資料5）。

『日本書紀』では、琴を弾くのは武内宿禰《たけうちのすくね》（『古事記』では建内宿禰）にかかわっているが、やはり、琴が神の託宣を引き出すものとして使われている（巻末資料6）。

また『日本書紀』には、允恭《いんぎょう》天皇が、みずから琴を弾かれたと記されている（巻末資料7）。「みずから」とことわっての表現には深い意味がある。自分が、琴を通し、神に直接対面できる特別な存在であることを示しているのである。

『万葉集』の中の長歌《ちょうか》に、天皇が狩りに出かける際、不測の事態にあわないよう、梓弓の音を響かせ、魔を祓うという「鳴弦の儀」が詠まれている（巻末資料8）。

長歌の大意は「わが天皇はご愛用の梓弓をお持ちで、朝には手に取ってお撫《な》でになり、夕方には梓弓のそばに寄り立っていらした。朝も夕方も、狩りに出かけるときには、梓弓の音を響かせて出かけます」である。

この歌で注目されるのは、天皇が梓弓を常に身近に置いていたという点である。梓弓は神と人をつなぐ「特別なもの」であった。その梓弓が常に身近にある。この表現によって、わが天皇は神に最も近い存在であるということを示しているのである。

天皇が、みずから琴を弾くという表現も同様なのだ。琴の音を自在に操《あやつ》りながら、神に直接的に対面できる存在であることを暗示することで、天皇への崇敬の念をあらわしているのだ。

琴の音に引き寄せられてくる神霊

琴を弾くと、琴の音に引かれて神霊が影になり、琴頭《ことがみ》（琴の手元）に寄ってくることが詠まれているのが『日本書紀』の中の「琴頭に　来居《きい》る影媛　玉《たま》ならば　我が欲《ほ》る玉の　鰒白珠《あわびしらたま》」の歌だ。これは、琴が人と神を仲介するという古代の観念を踏まえた歌である。

『万葉集』には「神南備《かんなび》の　神依板《かみよりいた》に　する杉の　思ひも過ぎず　恋の繁《しげ》きに」という歌がある。

「神依板」とは「神が寄り付く板」のことだ。琴頭に置くことから「琴の板」とも呼ばれる。

この歌も、琴の響きに神霊が引き寄せられてくるという古代の観念が投影されている。

この歌の大意は、「神南備の、神寄せ板にする杉のように、過ぎてはいかない私の心。あなたへの恋する気持ちが激しくて」である。「杉」に同音の「過ぎ」をかけている。つまり、神を引き寄せる霊力を発する琴に、「神を引き寄せるようにして、愛しい相手の心を、私のところに引き寄せてください」と、激しい気持ちで祈念しているのである。

琴柱《ことじ》は弦を支える駒《こま》のことで、琴に張られた弦の振動を琴板に伝えて、響きを増幅させる重要なものだ。琴の音が神霊を寄り付かせると考えていた古代人は、神霊を寄り付かせる響きを増幅させる琴柱を非常に神聖なものと見なしていた。だからなのか、琴柱だけが、単独で遺跡から出土する例が少なくない。それは琴柱を神霊の象徴として崇《あが》めていたからだといわれている。

奈良県の石神《いしがみ》遺跡から、琴柱だけが、まとまって数十点出土している。また、琴柱をかたどった碧玉《へきぎょく》製の石製品が、岐阜県の下城田寺坂尻《しもきだいじさかじり》一号墳から出土している。日本における、琴の聖なる歴史を知らないと、これらの出土の意味はわからないのだ。

異界から天人を呼び寄せる琴の音

日本の文学史上「最古の長編物語」として知られる、平安時代に成立した『うつほ物語』（20巻の長編物語）にも、特殊な力を持った琴が登場する。このような具合である。

琴を弾《ひ》くと、山は崩れ落ち、地は割れさけて、周囲の山はすべて一度に揺れ動いた。

琴を思う存分に弾いていると、天空が琴の音に共鳴し、大空に妙《たえ》なる音楽が鳴り響き、紫の雲に乗った天人《てんにん》が7人連れ立って、天から降りてこられた。

琴の音が仏の国まで達した。仏がその音を確かめにいくと、山も河も琴の音に鳴動《めいどう》し、大空は鳴り響き、雲の色や風の音も変わり、春の花、秋の紅葉が時節にかまわず、いっせいに美を謳歌《おうか》している。この光景に驚いた仏は、人々の前に姿をあらわし、「あなたたちの罪業《ざいごう》はこの琴の音によって消滅した」と告げた。

経済的な困窮《こんきゅう》から、山の中で暮らしていたが、琴を弾くと、琴の響きに感動した猿たちが、その時々にできる木の実を持ってきてくれた。

東国の武士たちが襲って来たときに、琴を弾き鳴らすと、山の大木は、ことごとく倒れ、山は逆さまになって崩壊した。取り囲んでいた武士たちは、崩れた山に埋《う》もれて多くが死んだので、山は、もとのように静かになった。

天皇とお付きの人々ら多くの前で琴を弾くと、琴の音は雲の上から響き、地の底までとどろき、風雲は急に動揺し、月星も異常にいろめき立つ。小石のような大粒の雹《ひょう》が降ってきて、雷鳴がとどろき、稲妻が閃《ひらめ》く。雪は布団を敷いたように凝り固まって降るとみるや、たちまちに消えてしまった。そのとき、天人が降りてきて舞った。この様子に人々は驚嘆した。

古代人は、琴が大自然をコントロールするだけでなく、神仏はもとより、異界からの聖なるメッセンジャーをコチラ側に引き寄せる力を持つと信じていたが、この古代人の琴に寄せるイメージが物語に結晶化したのが『うつほ物語』なのだ。

竜に見立てられた琴の意味

古代人は、竜を天《てん》・地《ち》・人《じん》のエネルギーの象徴としてきた。これは単なる象徴ではない。この種のエネルギーにアクセスできる能力者（私もそのひとりなのだが）は、実際にこうしたエネルギーを「竜」として見る。ある種の霊的エネルギーが視覚情報に翻訳される際、竜のイメージに変換されることが多いのだ。

そんな竜が、琴の中に宿っており、琴の音を通して交流することで、竜を操れる。すなわち、「竜」として直感される「天・地・人のエネルギー」をコントロールする霊力・呪力を琴が持っていると考えられてきたのだ。

古代人にとって、琴を手にするということは、「竜」に象徴される「宇宙を貫流する巨大なエネルギー」に手を触れていることと同義であった。そのため琴は竜に見立てられ、琴（箏）

の各部が、竜尾《りゅうび》、竜甲《りゅうこう》、竜角《りゅうかく》、竜舌《りゅうぜつ》のように、竜の体の一部として表現されてきたのである。

そして、古代人は、竜に見立てた琴から発せられる音を使って、天・地・人のエネルギーをコントロールしたり、アチラ側からの託宣を受けたりしていたのだ。これらの様子が『万葉集』『古事記』『日本書紀』などの古代の書物に記されているのである。

では、どのような音を琴から発することで、古代人は、それをなしていたのだろう。パルスなのだ。

琴はリズム楽器

現代の琴の演奏は、ポロン、ポロンと優雅にメロディーを爪弾《つまび》いているイメージが強いかもしれない。

しかし、古代の琴は、そのような弾き方をされていなかった。メロディーを演奏するのではなく、リズムを刻む打楽器のような使い方をされていたのである。

梓弓と同じように、打楽器のような弾き方をし、琴からパルスが引き出されていたのだ。古代の琴は、パルスを発するリズム楽器として

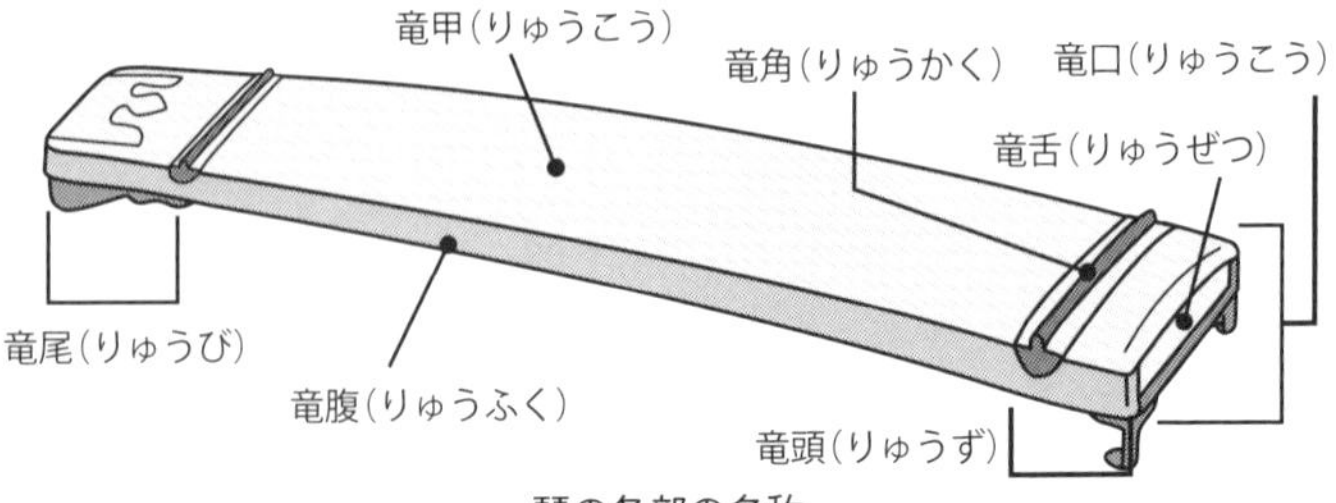

琴の各部の名称

使われていたのである。

それは、ピックなどを使って、弦をジャカジャカと掻《か》き鳴らす、ギターの「カッティング奏法」のスタイルに近い。

奈良・平安時代の響きを継承する日本の古典音楽「雅楽《ががく》」は、そのような古代の琴の演奏スタイルを現代に伝えている。古代の琴は、パルスの発生装置だったのだ。

埴輪が示す琴の演奏スタイルとは

琴が、パルスを発生させる打楽器的な使われ方をされてきたという証拠は、いくつか存在している。そのひとつが、3〜6世紀頃につくられた「埴輪《はにわ》」だ。

膝《ひざ》の上に琴を置いた埴輪が、いくつか出土している。注目すべき点は、手に持つ「琴軋《ことさき》」である。

出土した埴輪は、膝の上に琴を置き、手には、へら状のピックを持っている。これが琴軋で、ギターで使われるピックと同じような小さなサイズから、三味線で使う大きなバチのようなものまで、いろいろある。

琴を膝に置いた埴輪をもとに、膝に置かれた琴を復元してみると、琴の長さは約50cmである。へら状のピックを持った右手付近は、弦が密集しているため、一本一本の弦をそのピックでメロディーを弾くのは非常にやりにくい。一気に全部の弦をザーッと掻き鳴らすグリッサンド奏法に適した構造となっている。

弾琴男子（埴輪男子倚像、重要文化財）相川考古館所蔵

埴輪が膝に置いた琴の中には、弦と弦の間隔が広いものもあるが、その琴を持つ埴輪のピックは、三味線のバチのように大きい。このような大きなバチで一本一本の弦を弾くのは、やりにくい。やはり、大きなバチで全部の弦を一気に掻き鳴らしていたものと推定されている。

埴輪が示していた琴の現物も各地で見つかっている。それは、弥生時代から古墳時代にかけての木製の琴だ。大きさは、埴輪が膝に置いていたのと同じ約50㎝のものと、もっと大きい1５０㎝前後の、2種類のサイズが出土しているが、演奏方法は同じとされる。これらの件に関する優れた研究をしているのが宮崎まゆみ氏である。その研究成果は『埴輪の楽器―楽器史からみた考古資料』に詳しい。

琴を演奏している様子をかたどった「弾琴《だんきん》埴輪」の中には、琴軋を持たずに指で弦に触れているものも見られる。ここから「指で弦を弾奏している埴輪」と解説されることが多いが、笠《かさ》原潔《はらきよし》氏は『埋もれた楽器』の中で異議を唱えている。

よく観察してみると、親指と人さし指の間に剝離《はくり》の痕《あと》を持つものがある。つまり、もともとは琴軋を持っていたのだが、欠け落ちているものがあることを指摘しているのである。剝離の痕がきれいに修復されているものが少なくないため、琴軋を持っていた埴輪だということに気づいていないだけという笠原氏の指摘はたいへん鋭い。

やはり、埴輪に表現される古代の琴は琴軋を使って演奏するスタイルが一般的なものなのだ。

琴は激しく叩いて演奏した

日本の古くからの琴は、指を痛めないようにピックを持ち、全部の弦をザーッ、ザーッと掻《か》き鳴らすグリッサンド奏法を主体とするリズム楽器として使われてきた。

ザーッと音を掻き鳴らしては音が消え、そしてまた、ザーッと掻き鳴らしては音が消えという音の反復が生み出すのは、ドン、ドン、ドン……と打ち鳴らされていく太鼓と同様のパルス刺激である。

現在も、琴軋（へら状のピック）を使って琴が演奏されることがあるが、ギターのカッティングのようなスタイルで、弦をザーッと掻き鳴らす。古代の記述の中で「琴を掻《か》き弾《ひ》く」とあるが、それは、琴軋を用いて弦をグリッサンドする奏法のことを示している。

こうした演奏法が、すでに古墳時代（3～7世紀頃）に確立していたことが、埴輪からわかるのだ。

雅楽《ががく》の琴（箏）は、浜辺に打ち寄せる波の音のような、ゆったりとしたパルス音を発している。

しかし、雅楽に取り入れられる以前の本来の琴は、もっと激しいビートを発していたと推定されている。

神道五部書《しんとうごぶしょ》として知られる伊勢神道の根本経典の中の『豊受皇太神御鎮座本紀《とようけこうたいじんごちんざほんぎ》』によれば、アメノウズメが、弓を並べて叩いたのが和琴《わごん》の由来である（亦天香弓興並叩絃。今世謂和琴其縁也。）と伝えている。

古代の琴の演奏法は、梓弓を叩くような激しいものであったということを述べているのだ。琴は、梓弓と同じ系統の呪術的な打楽器なのである。その証拠を示すのが、出雲大社の「琴《こと》板《いた》」だ。

琴が打楽器である証拠

出雲大社で「琴板」を叩くという作法がある。

琴板は、オオクニヌシが手にしていた「天の沼琴」と共通する蘇生《そせい》と鎮魂《ちんこん》の力を持ち、さらには、邪《じゃ》を鎮《しず》める力も持っていると伝えられている。

この琴板について踏み込んだ研究をしているのが吉田良《よしだりよう》氏である。彼の優れた研究成果は『神話は現代につながるのか』の中に見ることができる。

出雲大社の琴板は箱型につくられ、おおよその寸法は幅25㎝・長さ80㎝・高さ10㎝で糸は張られておらず、70㎝ほどの柳の撥《ばち》で打つ打楽器となっている。出雲大社の琴板は「笏《しゃく》で敲《たた》いて神霊を迎え、吉凶を占う」との伝承を持ち、出雲大社の古傳新嘗祭《こでんしんじょうさい》で、いまも使われている。かつては、ここに弦が張られ、梓弓のように叩かれていたとみられている。琴の古い演奏スタイルが残っているのである。

箱ではなく、ただの板を琴と見立てて叩く神事も存在する。板神楽《いたかぐら》がそれである。板神楽とは縦24cm、横25cm、厚さ2・2cmの松板を左手で持ち、長さ30cmの撥《ばち》を右手に持って打ち鳴らし、それに合わせて笛を吹くものだ。演奏のための楽譜はない。「感応《かんのう》のおもむくままに奏すること」となっている。

パルスで意識が変容し、忘我《ぼうが》の状態に入ると、楽譜を見ての演奏などできなくなる。必然的に、アチラ側の世界からもたらされる感応のおもむくままの演奏になっていく……。「そうすべし」ということなのだろう。

小泉八雲が目撃した琴板の神事

小泉八雲《こいずみやくも》（出生名パトリック・ラフカディオ・ハーン　1850～1904）は『神々の国の首都』の中で、明治23（1890）年に目撃した琴板の神事について、次のように興味深いことを記している。

「長さ3フィート、幅18インチ、高さは両端で4インチだが、中央はちょうど亀の背のようにアーチ形に盛りあがっている。素材は火燧臼《ひきりうす》と同じく檜《ひのき》で、かたわらに細長い棒が二本添えてある。

私は初め、型違いの火燧臼かと思ったが、この箱の正体を一目で見抜ける人は、おそらくいないだろう。これは琴板という太古の楽器なのだ。

細い棒は撥である。宮司が合図すると、ふたりの神官が琴板を床に置き、それを中に対坐《たいざ》し、撥を取り上げ、交互にゆっくりと板の上面を打ち鳴らし始めた。

その響きに合わせてなんとも単調な歌が歌われる。

ひとりはただアンアンと唱え、相手はオンオンとこれに応じる。

撥が振り下ろされるたびに、琴板は乾いた虚《うつろ》な音を響かせ、それに合わせてアンアン、オン

阿(ア)と吽(ン)。陽と陰の宇宙原理の象徴

オンと神人が歌う」

また、大正13（1924）年に編纂された『出雲大社特殊神事取調書』にも、小泉八雲が目撃した神事について、「神人（仕丁）琴板を打ち鳴らし神歌初め五十番はアアウンウンと唱ふ」と記されている。叩かれる琴板から発せられる音はもちろんパルスだが、そこにかぶって歌われる言葉も「アン、アン（ア、ア）」そして「オン、オン（ウン、ウン）」という、分断したパルス的な発声になっているのだ。

宇宙の大本《おおもと》にあるのは、陽と陰の2極原理である。万物は、この2極原理によって生成・消滅し、発展・衰退していく。口を開いた「阿（ア）」と閉じた「吽（ン）」の姿をしている阿吽《あうん》の狛犬《こまいぬ》や仁王像が表現しているのは、この陽と陰の宇宙原理だ。

琴板を叩く音は「鳴る（陽）」と「止む（陰）」のパルスである。ここに、陽の「阿（ア）」と陰の「吽（ン）」の言霊《ことだま》を重ね合わせることで、意識を変容させるパルスの力を高めることができる。そのことで、宇宙の大本に意識を解き放つことを可能にするのだ。古代出雲の琴を使った神事は、このような目的を持って、おこなわれていたのである。

神と人をつなぐ琴の音の秘密

パルスによって変性意識状態を手にしていくと、コチラとアチラの境界が希薄になって、神々しい世界のエネルギーやさまざまな情報を自分自身に引き込むことができる。縄文時代に起源を持つ梓弓は、そのために使われてきた。琴が神事で使われる目的も同じなのだ。だから、琴はパルスを放つ楽器として使われてきたのだ。

琴が発するパルスにより、変性意識状態に入った人は、コチラ側とアチラ側をつなぐ「通路」となって、アチラ側の聖なるエネルギーを放ち、コチラ側の悪しき波動を消し、調和をもたらすことができる。

さらには、アチラ側の代理人、すなわち、神仏、精霊などの代理人として、託宣《たくせん》を与える（神の言葉を伝える）こともできる。

古代の文献に記されている琴の影響力は、このパルスの作用のことなのである。古代の貴人や神職らが琴を手放さなかったのは、このようなパルスの霊力・呪力を求めてのことである。パルスを使って神人・超人になろうとしていたのである。

琴は、祭政一致の社会における「祭」の権力、いわば、神と直接交渉できる者を象徴する非常に神聖なものだったのだ。だから「琴」だけが「お琴」と呼ばれてきたのだ。

琴の響きで神懸かった、あるいは、琴の響きに神霊が引き寄せられてきたという記述は、日本では古くから多い。これは、琴が、意識を変容させるためのパルス発生装置として使われてきたことを考えると当然だ。琴は、梓弓の発展形なのだ。縄文由来の梓弓が琴を生んだともいえる。

さらに、その梓弓は日本の伝統芸能に、特異なジャンルをつくっていくこととなった。それが津軽三味線《つがるじゃみせん》なのだ。

イタコの梓弓が津軽三味線をつくった

弦を激しく撥《ばち》で叩く奏法が魅力の「津軽三味線」というスタイルをつくり出したのが秋元仁太郎《あきもとにたろう》(1857~1928)氏である。彼は、イタコの「叩き弓」から奏法のヒントを得たという。彼の妻がイタコだったからだ。

彼が、どのようにして、独特な津軽三味線のスタイルを生み出していったかについては、大條和雄《だいじょうかずお》(1928~2020)氏の『津軽三味線の誕生―民俗芸能の生成と隆盛』に詳しい。

秋元氏は、8歳のときに失明。その後、聴覚が異常に研《と》ぎ澄《す》まされるようになっていったという。村の人から「地獄耳」と呼ばれるほどだったそうで、特に「音色」に敏感であったと伝えられている。

子ども時代は笛に関心があり、最初は横笛を手にし、やがて、虚無僧《こむそう》の尺八の音色に好奇心をかきたてられ、虚無僧から尺八を習って吹くようになった。

そんな、ある日、彼の人生を決定づける音を耳にしたのだ。それは、農村や山村を巡る瞽女《ごぜ》が奏でる三味線の音だった。少年だった秋元氏は、その音に魂を揺さぶられ、あふれ出る涙が抑えられなかったという。

こうして、彼は三味線を手にすることになった。しかし、それはまだ「津軽三味線」と呼べるものではなく、瞽女の模倣《もほう》にすぎなかった。

やがて、彼に結婚の話がもちあがった。相手は1歳年下の女性でイタコだった。彼女のイタコの師匠が、小説家の太宰治《だざいおさむ》（1909〜1948）の生家の近くにある川倉地蔵《かわくらじぞう》の大祭で、秋元氏の三味線を聞いて気に入り、縁談を取り持つことになったのだ。こうして、明治11（1878）年の3月、ふたりは結ばれることになった。

彼の妻はイタコだったから、梓弓を持っていた。この梓弓が、秋元氏の三味線奏法を根底から変えていったのだ。

彼はイタコのことをよく知っており、梓弓がただの楽器ではなく、神霊を寄りつかせる大切な巫具《ふぐ》であり、素人が気安く触れることは許されないということも理解していた。

しかし、妻が叩く梓弓の不思議な音への好奇心を抑えることができず、なぜ、イタコは梓弓を叩くのか、梓弓を叩くことで神仏を寄り付かせるとはどういうことなのかなど、いろいろと妻に尋ねるようになる。

彼女は「梓弓を叩くと、しだいに気が遠くなり、しまいに体が空《くう》になって、なにもわからなくなる。そのとき、神様や仏様が、体に乗り移る」といった、パルスがもたらす変性意識状態の感覚を何度も語って聞かせたという。後年、彼女は、「まるで、子どもが昔話をせがむように、熱心に話をせがまれた」と村人に語っていたという。

そして、彼は、妻から話を聞くうちに悟った。自分もイタコのように、神仏を寄り付かせるような音を三味線から発しなければダメだ。イタコの神降ろしや仏降ろしのように、自身を空《くう》にして、神仏が憑《つ》いたような忘我の状態で、自然に手が走る（演奏をする）状態が、「三味線を演奏する」ということではないのか。そのためには、自分も、イタコと同じ修行をしなければならない……。

こうして、結婚した年の冬、彼は、妻の指導のもと、食断ち、火断ち、といった修行を不眠不休でおこなうことになり、梓弓を叩いて、神仏が憑いたような忘我の境地に至るための修行を続けることになった。

そして、彼は、ついに独自のスタイルを完成させるところとなったのだ。梓弓を叩くような、津軽三味線独特の叩き奏法である。

縄文時代に起源を持つ梓弓は琴に姿を変えていったが、縄文の風土が色濃く残る東北地方では、梓弓はいまだにイタコが活用し、そして、イタコの梓弓は、津軽三味線へと姿を変えていった。姿は変わったが、梓弓も琴も津軽三味線も、基調とする演奏スタイルは同一である。それが、弦を叩くというもの。その目的は、パルスを生み出すことにある。

津軽三味線の構えは耳の横に棹《さお》を立てるものだ。これは縄文人が弓の霊音を耳で感じていたポーズにそっくりだ。秋元氏が三味線の奏法としては邪道と蔑《さげす》まれながら、自然にとったポーズがこれである。その後、津軽三味線の構えとして定着することになるが、天に向かって直立する津軽三味線の棹《さお》は、天からなにかを引き込むアンテナのようにも見える。

大勢が神懸かりする楽器

梓弓や琴は、自分だけ、あるいは自分とまわりの少数の人をアチラの世界につなぐための極めてプライベートな楽器だといえる。だから、それほど音は大きくない。このボリュームだと、野外のような広い空間で、たくさんの人の意識を変容させていくには音量が乏《とぼ》しい。そこで、登場してきたのが太鼓だ。

ドン、ドン、ドン……と打ち鳴らされる太鼓は、パルスを非常に発生しやすい楽器であり、しかも、大きな音が出しやすい。こうして、太鼓は、宗教儀礼や祭りなどで重要な役割を演じていくようになった。

古代において、祭りはみんなでいっせいに神懸かって（変性意識状態に入り）、大自然のエネルギーを調整したり、村の邪気を祓ったり、豊作を祈願したり……といった目的でおこなわれていた。太鼓から発せられるパルスは、広い空間でもよく通り、その場に集《つど》う多くの人の意識を瞬時に変容させていくことができるので、多くの人が参集《さんしゅう》する祭りや神事には欠かせないものとなっていった。

北東アジアのシャーマンは「太鼓」のことを「馬」と表現する。馬と表現された太鼓にのるのは、彼らの意識である。伝説では、太鼓にのって彼らの意識が天の7層を貫いて飛翔すると伝えられている。つまり、太鼓の音にのって、コチラ側にあった意識が、アチラ側の多次元・

多層世界へと飛び立っていく……。太鼓のパルスがもたらす変性意識状態のことを、そのように表現しているのだ。

人間は、オン、オフ、オン、オフ……の断続する刺激に大きな影響を受ける。点滅をくり返す光を使ったパルスは、古代において、太陽の出ている日中は活用しにくく、光の明滅を制御する電子回路のような技術もなかったため、古代人は、パルス刺激を、もっぱら音を通して与えていた。そのため、古代人の音を使ったパルスのテクノロジーは「古代の叡智」と呼んでもよいほどに高められていった。

この音の叡智の中から出てきたのが、手品のようなパルスの生み出し方なのである。それは、伸びる音を使いながら、分断されたパルスとして聞かせるというものだ。

音を切らないのに、音が切れている。

いったい、どうしたら、そのような矛盾《むじゅん》した方法でパルスが生み出せるのだろう。

「切らないのに切る」という音の秘法

刺激を断続的なオン・オフにしたパルスを、特に「音の刺激」として、古代人は活用してきた。引き伸ばされた持続音ではなく、音を分断して与えていったのである。ここで古代人は、あることに気がついた。それは「切らないのに切る」という手品のような方法で、音をパルス化していくという秘術である。

引き伸ばされた音を使っているのにもかかわらず、その音を耳にする人には、ぶつ切りになったパルスとして聞こえるのである。このようなマジカルな方法を古代人は発見し、声を使って頻繁《ひんぱん》に活用していたのだ。

持続しているのに持続していない。つまり、切れていないのに切れているという不思議なパルス刺激は、実は、声を使うことで簡単に生み出すことができるのだ。その方法が「メリスマ」と呼ばれる「音の揺らし」なのだ。

神と一体化する唱法「メリスマ」とは

古代の神歌《かみうた》を調べると、世界的に同じような特徴が見られる。それが「音の揺らし」である。神歌で聞かれるような音を揺らす特徴的な歌い方は「メリスマ」と呼ばれる。この語源は、古代ギリシャ語の「歌」にある。

古代ギリシャにおける「歌」とは、娯楽ではなく、神との一体化を果たすための神聖な道具であった。歌だけではない。古代ギリシャにおいては、音楽全体がそのような位置づけになっていた。それは、1章で詳説《しょうせつ》したところである。

このような古代ギリシャの音楽の中で、「歌」は特別な目的で使われていた。その目的とは、祈りの場で意識を変容させ、神（宇宙・大自然）との一体化を果たすことである。神との一体感、そして、そこから生まれる恍惚感を得るために、特殊な方法で声が放たれていた。それが、声を揺らして歌う「メリスマ」と呼ばれる発声スタイルなのだ。

音を揺らして歌うと、神につながり、恍惚感に包まれる。これは、古代ギリシャの人だけでなく、音に対する鋭い感性を持った世界中の人たちが、古くから気づいていたことだ。だからこそ、神とのつながりを求める世界の神歌に、多かれ少なかれ、メリスマ的な歌い方が認められるのだ。

しかし、なぜ、音を揺らして歌うと、神との一体感を得ることができるのであろう。それは、音を揺らして歌うことで、その歌がパルスになっていくからなのだ。神と人間を結ぶための歌（メリスマ）の秘密は、ここにある。

パルスを発生させるメリスマの仕組み

パルスが、変性意識状態を与え、ふだんは分断されているコチラ側とアチラ側をひとつにしていく。そして、そのことで、神との一体感が生まれる。

音を揺らすメリスマの発声法によって、そのようなパルスの効果が生じるのだ。しかし、その効果を得るためにはコツがある。最初から音を揺らしてはいけないのだ。

最初は、安定したまっすぐな音を発し、その音を自分も含めた聴き手の意識に印象づける必要がある。そして、揺れのない、まっすぐな音を、自分も含めた聴き手の意識に印象づけた後で、音を揺らしていくのだ。

図1

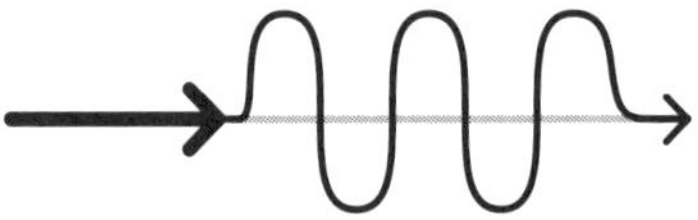

図2

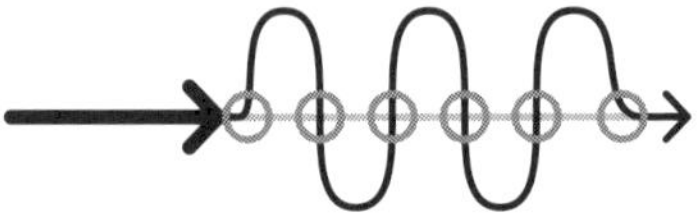

図3

図1では、まっすぐな音で印象づけをおこなった後、音を揺らしていく様子を示している。すると、図2のように、音は揺らしの効果により、最初に印象づけられた音から、はずれたり、戻ったりをくり返していくことになる。最初に印象づけられた音に着目してみると、図3のようにパルスになっている。

音を切らずに伸ばして歌っても、音が揺れることで、自分も含めた聴き手の意識には、図3のように、分断したオン・オフのパルス音として届く。これがメリスマの秘密なのである。

最初から音を揺らしてしまうと、基準となる高さの音が印象づけられないので、パルスの効果を生まない。神歌にはならないのだ。

だから、次のように歌わなければならない。もう一度、メリスマの秘法を復習してみよう。まず、揺れのない、まっすぐな音を発する。そして、この音が意識になじむのを待つ。数秒という、ごく短い時間で印象づけは完了する。その後、音に揺れを加えていく。そのことで、意識に印象づけられた音が、ゆらゆらと波状的に「はずれる」「もどる」「はずれる」「もどる」がくり返されていく。

音は引き伸ばされ、切れていないのにもかかわらず、人間の意識には、途切れ途切れの「ぶつ切りになった音刺激」として飛び込み、「パルスの刺激」が投じられていくのだ。こうして神との一体感、そして、そこから生じる恍惚感が得られるのである。

恍惚感を与える歌い方の秘密

メリスマは、催眠にかかったような恍惚感・陶酔《とうすい》感を聴き手（歌い手自身も含む）にもたらすものとして、古代の秘儀などでさまざまに活用されてきたものだ。

その原理は単純だ。音を伸ばして歌いながら、揺らすことで、パルスを発生させるというものなのだ。

長時間、メリスマの発声法で歌うと、梓弓を叩く巫女と同様に、変性意識状態に深く入って、神と呼ばれるような神々しいなにかと一体になっていくことができる。

これが短時間だと、変性意識状態に入る少し前の、お酒に酔ったような、コチラ側からちょっぴり遊離した心地よい意識状態を与える。これを「プチ・メリスマ」と呼ぶことにしよう。

現在の音楽では、響きを魅力的にしていく手段として、このプチ・メリスマが、「ビブラート」や「コブシ」などと呼ばれて、声楽・器楽の双方に広く使われている。

プチ・メリスマの向こうには、メリスマが与える変性意識状態への道がのびている。だから、プチ・メリスマであっても、方法はメリスマと同じだ。まず、まっすぐな音で印象づけをおこない、その後、音を揺らしてパルス刺激に変えていくというものなのである。最初から、音を揺らしてしまうと、下手な歌い方や演奏といわれてしまう。それだと、パルスが生じないからだ。音楽に魅力を与えるのがパルスだというのが、ここからもわかる。

まっすぐな音に、しだいに深くビブラートがかかり、音が大きく揺れてくると、グッと心に響いてくるものがある。

クラシック音楽であろうと、演歌であろうと、音楽のジャンルは無関係だ。ビブラートという「音の揺れ」がもたらすパルスの刺激によって、それぞれが音楽的な魅力を強めているのである。その秘密は、プチ・メリスマが与える心地よさなのだ。

日本で、長いこと、文字どおりの「歌姫」として活躍されているのが、松任谷由実《まつとうやゆみ》さん、そして、中島みゆきさんである。

彼女たちの声は独特だ。細かく声が震えているのである。意識してのことではないだろう。音を伸ばして歌うと、自然にそのような微振動を起こしてしまうのだと思われる。そのことで、非常に高速なメリスマが生じ、そこから生じるパルスが、私たちの心に大きな影響を与えている。世代を超え、人々の心をつかむ彼女たちの歌声の秘密は、無意識のうちに彼女たちが放つパルスにあるといえそうだ。「音の揺れ」が聴き手の「心の揺れ（感動）」を引き起こしているのである。

演歌などでは、プチ・メリスマを「コブシ」などと呼んで、実に巧みに歌の中に使っている。演歌は「情の音楽」といわれることがある。この演歌の「情の世界」を特徴づけているのが「音の揺れ」を強調した歌い方なのだ。プチ・メリスマの方法は簡単だが、効果は絶大だ。

演歌は「ここぞ」という聞かせどころで、こうした音の揺れを強調した形で使う。このことで聴き手の感情を激しく揺さぶる。古代人が活用してきた響きの秘法が、いまも演歌など、さまざまな音楽で活用され、聴衆を魅了している。

実は、いちばん魅了されているのは、歌っている本人なのかもしれない。カラオケでコブシ（音の揺れ）の効いた演歌を歌いながら、聴衆そっちのけで自己陶酔の世界にひたっている人は珍しくはない。自分の内的世界に集中し、まわりがわからなくなるという、プチ・メリスマによる自己陶酔は「スピリチュアルな高揚感」と言い換えることのできる精神状態である。

音を揺らすと神仏に出会える

古代ギリシャにおける「歌（メリスマ）」は、人に聞かせるためのものではない。自分と神（宇宙・大自然）をつなぐための通路であり、神的ななにかと自分の意識をつなぐための「道具」として活用されていた。そのために音を揺らしてパルス効果を添え歌ったのである。イタコが弓を叩くのと同じなのだ。

イタコが梓弓を叩くのは、他人に聞かせるためではない。自分のためだ。パルス音によって、自分自身の意識を、神的な世界につなぐためである。音を揺らす独特なパルス化された歌も、自分のために歌われたものだ。歌を通し、神的世界に意識をつなぐためである。

中近東に古くから伝わる音楽は、声楽以外の音楽でも、音の揺れが多用されている。その目的は、神的世界と一体化する点にある。

コーランも音を揺らして歌われる。音を揺らさないと、神に出会えないことを知っているのだろう。

世界で最も古い「印刷された楽譜」は、1472年に高野山《こうやさん》で出版された声明《しょうみょう》の楽譜だとされている。声明は、仏典に節《ふし》をつけて歌うものだが、ここで興味深いのは、ひとつひとつの言葉を、どのように揺らして歌うのかが、細かく楽譜に記されている点である。世界最古の楽譜で重要視されていたのも「音の揺らし」なのだ。

古代人は、音の揺れ、すなわち、切らないのに切るというパルスを重く見ていたことが、この楽譜からもわかる。

古代人は、聖句を唱え、神仏に出会おうとしていた。メリスマは、その出会いを可能とする。

だから、古代の密儀になくてはならないものだったのだ。

民謡も、こうした呪術的なメリスマの流れを汲《く》んでおり、揺れのある声で歌われる。民謡は、決して酒場のBGMなどではないのだ。本来は、神・宇宙・大自然と人間をつなぐための神歌なのである。

そのことについて、「日本の民謡の父」といわれる成田雲竹《なりたうんちく》（1889～1974）氏が語っている。このことを語る彼の肉声は青森県音楽資料保存協会のホームページで耳にすることができる。

民謡を聞くと、文字に書き起こすとほんのわずかな言葉が「え・え・え～、あ・あ・あ～」など、母音が引き伸ばされ、複雑に揺らされて歌われていく。歌詞を味わうというより、「音の揺れ」を味わう部分が中心となっているのである。

たとえば、津軽山唄《つがるやまうた》という民謡がある。「イヤー　イディアー　津軽　津軽富士　ヤエー」という部分を1分以上かけて歌う。音は引き伸ばされ、多彩な方法で揺らして歌われるから、このように時間もかかる。

しかし、そのことで音に込められる霊力・呪力は半端《はんぱ》なものではなくなる。本格的なメリスマ、すなわち、神歌の力を、私たちはこのような歌から体感できる。津軽山唄は山の神に出会うことを目的とした神歌なのだ。

細川たかしさんは、師匠の三橋美智也《みはしみちや》（1930～1996）さんから、「君は民謡を歌うそうだね。これからも、日本古来の民謡を大切に歌い継いでほしい」といわれたそうだ。日本古来の民謡とは、本格的なメリスマを伴った神歌のことだ。

細川さんは、ポピュラー音楽も歌うが、三橋さんの言葉を守り、本格的なメリスマの民謡をいまも歌い続けている。細川さんの『津軽山唄』は神歌の好例としておすすめしたい。そのメリスマの迫力に度肝《どぎも》を抜かれることだろう。

揺らすことで音に命が宿る

アジアを代表する現代音楽の作曲家のユン・イサン(1917~1995)氏は「私は『死んだ音』は使わない」と語っていた。彼にとっての「死んだ音」とは、音が揺れていない「まっすぐな音」のことである。音を揺らすことで、音に命が宿ると彼は考えていたのだ。

「音を揺らすことで命が宿る」という考え方は、揺らすことで生命を宿すという「魂振《たまふ》り」の作法にも通じるものがある。確かに、音を揺らすことで、まっすぐだった音になにかが込められる。そのなにかとは、異界に意識をつなげる霊力・呪力である。

上手な歌手や演奏者は、音に宿る霊力・呪力を強める方法を、無意識のうちに活用している。うまい人の音の揺れを聞くと、まっすぐな音を最初はゆっくりと波打つように、そして、しだいに音を小刻みに速く揺り動かしていく。これはオン・オフのパルスを、ドォーン、ドーン、ドン、ドドド……と、しだいに速めていることと同じである。

これは物体を空間転送するアポーツの実験で観測されたパルスと同じタイミングであり、神社太鼓の作法であり、そしてまた、世界に古くから見られる伝統的な神懸かりの作法と同じである。これらの件については先述したとおりである。

うまい歌手や演奏者は、声や楽器の音に、このパルスのタイミングを無意識のうちに投じ、聴き手の意識を、神と一体化した非日常の恍惚状態へといざなおうとしているのだ。このメリスマの効果は絶大なものがある。この効果を生み出しているのが、パルスなのだ。

現代人が求める「アチラ」との往復

人間の心は、本来、宇宙的なもので、自由自在なものだ。肉体はここにありながらも、銀河の果《は》てにも、心を瞬時に飛ばしていくことができる。

しかし、日常というコチラ側の生活の中で、私たちは、本来の宇宙的な心の自在さを忘れてしまっているのだ。

日常生活を送っている時の意識状態は、海の中にもぐっている状態にたとえられる。私たちは海面から顔を出し、時々、海の外の空気を吸わないと死んでしまう。海の外の空気、それすなわち、非日常の世界である。時々、人は変性意識状態になって、アチラ側にいかないと、精神のバランスを崩してしまうのだ。

日々の生活の中で瞑想《めいそう》が求められているというのは、コチラ側とアチラ側を意識的に往復することで、意識のバランスを取ろうという人が増えているからなのだろう。睡眠時、私たちは、ゆるくアチラ側にいっている。その重要な睡眠を奪われると、精神に好ましくない影響が出るのは当然といえよう。

ところが、コチラ側の刺激が強くなりすぎると、眠っても、アチラ側に心が十分に解放されなくなってくる。この状態は、心が窮屈な服を着せられて、身動きのできない狭い部屋に押し込められているようなものだ。すると、心は、こんな狭いところに閉じ込められていたくない。宇宙を自在に飛翔したいとのメッセージを発するようになる。なんともいえないモヤモヤした気持ちの源がこれである。

このようなモヤモヤした気持ちを発散させるため、パルス刺激の効いた音楽や、光や音のパルス刺激の充満したディスコやクラブのような空間が求められるのだろう。パルスは、変性意識状態によって、日常から離れることで心をリセットし、本来の宇宙的なスケールに心を広げていく作用があるからだ。

パルス刺激の効いた音楽がもたらすワクワク感、高揚感、爽快感は、このような宇宙との合一からもたらされるものだ。

古代から変わらない神懸かりの原理

イタコは叩き弓から発せられるパルスによって、変性意識状態に入り、コチラとアチラの境界をなくし、コチラ側に閉じ込められている「個人」を、アチラ側へ解放していく。ディスコやロックのコンサートなども、これとあまり変わらない。そのような場で、強烈な光や音のパルスを浴び、忘我の状態で激しく体を動かし、狭い檻《おり》に閉じ込められていた心を、本来の宇宙的なスケールに解放させようとしているのである。

ロックコンサートなどで、パルスが何万人もの人々の心を一挙に鷲掴《わしづか》みにし、揺り動かしていくさまは圧巻だ。その光景は巫女やシャーマンの神懸かりの状態と酷似《こくじ》している。

最新の機器が用いられていても、心をアチラ側に解き放つ原理は、数千年前から変わらないシンプルなものだ。それがパルスなのだ。

「プー」という持続する刺激から、「プッ・プッ・プッ」というパルス刺激に変換するだけで、人間へ与える影響は非常に強く深いものとなる。

このようなパルスは、時代や場所を超越し、これからも、人間の根源的な部分に働きかけ、人間の「真の故郷」である「宇宙」に心を戻す作用を持ち続けるであろう。

音はパルスの刺激をたいへんつくりやすい。パルスに最も親和性のある刺激素材だということができよう。音は、パルスの効果をダイナミックに引き出し、心をアチラ側に楽しく解き放ってくれる。ここからもたらされる、日常とは少し違った意識状態が、気持ちをリフレッシュさせてもくれる。

こうした音によるパルスを、叩き弓、そして各種打楽器、そして声など、さまざまに活用することで、魂の故郷を感得《かんとく》しようとしてきたのが古代の人々なのである。この古代人が蓄積してきた音に関する重要な叡智を、どんどん活用し、窮屈な状態の心をパルスによって解放させてみよう。そうすることで、宇宙の素晴らしさが感得できるはずだ。

3章

霊魂《たましい》を宇宙とつなぐ「神聖な音」の正体

三味線や尺八、鐘、鈴に秘められた「高次倍音」とは

霊的エクスタシーとは何か

みなさんは、霊的エクスタシーを感じたことがあるだろうか。おいしいものを食べる、セックスをする、温泉に入って体をゆるめる……といった、肉体に与えられるものとは「別種の快楽」のことである。

私には忘れられない経験がある。あるとき、森の中に分け入ると、不思議な大樹を目にした。近寄って、樹に触れた瞬間、言葉では表現し尽くせぬような恍惚感《こうこつかん》に包まれ、歓喜の絶頂のまま、失神してしまったのである。

この「時空を超えた世界に、ただ存在する」というような感覚は、ニューエイジの人々がいう「エターナル・ナウ（永遠の今）」そのものであった。

どれくらい時間が経《た》ったのだろう……。目を開けると、大樹のそばに倒れている自分に気がついた。

この神秘体験の後、おいしいものを食べるなど、どのような肉体的な快楽を得ても、しばらくは、心の底から感動できなくなってしまった。肉体に与えられる快楽を超越した、至上《しじょう》の喜びを体験してしまったからである。この種の歓喜を**「霊的エクスタシー」**と表現していくことにしよう。

不可視の霊的三要素を刺激するのは音

人間の体は目に見える物質的なものだけではない。霊的な要素が物質的な肉体を取り巻くエネルギーフィールドとして、物質的な肉体と宇宙をつないでいる。

また、生まれ変わりをくり返す自分の本体ともいえる「直霊《ちょくれい》」、体に宿る先祖の意志である「魂《こん》」、肉体を構成している物質を存続させているエネルギーの「魄《はく》」といった、不可視の三要素も私たちの体と呼べるものだ。

これら三要素を総称したものが本来の「霊」という言葉の意味であり、旧字の「靈」はそのことを明瞭に示している。「靈」の文字の「雨」の下に3つの「口」が並んでいるが、それらは直霊、魂、魄の三要素を示しているのだ。ただ、本書では、この不可視の三要素を総称するものとしては、靈ではなく、よりポピュラーな「霊魂《たましい》」という表現を使っていく。先祖の遺伝質を示す魂《こん》と混同しないよう、ご留意願いたい。

さて、私たちの不可視の体ともいえる、エネルギーフィールドと霊魂に直接作用し、肉体の快楽を超越した至上の喜び、すなわち、霊的エクスタシーを与えるなにかが存在している。そして、それを与える経路は、私が体験した霊木《れいぼく》だけではなく、多種多様だ。こういったモノには、たいてい「霊」の字があてがわれ、霊石、霊山、霊場、霊泉……といった言い方がなされている。私と同じような体験をした人が、「これは他とは違う」と区別するために「霊」という字をあてがったのだろう。霊的エクスタシーを与える経路は確かに多種多様なのだが、実は、最強、最良の経路が、私たちの身近に存在している。それが「音」なのだ。

霊的エクスタシーを与える音楽

エクスタシーとは「霊魂《たましい》が肉体の外に出る（エクスタシス）」というギリシャ語に由来するものだ。この語源が示しているように、本来のエクスタシーとは、肉体に与えられる快楽をさしたものではない。「霊魂における霊的な歓喜」を表現した言葉なのである。

この概念は古代ギリシャの哲学者プラトン（前427頃〜前347頃）に始まり、神秘体験による肉体を超越した霊魂の大きな喜びを、その後の哲学者や宗教家たちは「エクスタシー」という言葉で語ってきた。

この言葉、そしてこの言葉に与えられた概念は、仏教では「法悦《ほうえつ》」、キリスト教では「脱魂《だっこん》」という日本語に翻訳されてきた。シャーマニズムや心理学の研究者は「忘我《ぼうが》」や「恍惚」という言葉を使うことも多い。

このように、「エクスタシー」という言葉の中には、もともと「霊的」という概念が含まれているのだが、昨今、「肉体的な快楽」という意味に流用されることが多いため、本書では、それとは区別するために「霊的エクスタシー」と記していくことにする。

音楽を聴いたとき、空腹が満たされるわけでもなく、また性欲が解消されるわけでもないのに、肉体的には不満足な状態のまま、大いなる喜びに包まれていく。ここから、音楽が与える喜びは、肉体に与えられる快楽とは別種のものであることがわかる。つまり、音楽が与える「喜び」とは「霊的エクスタシー」なのである。

古代ギリシャの人々は、音楽は、物質的な肉体を超越した「不可視の体」に作用し、そこを大いなる喜び、つまり、霊的エクスタシーで満たしていくことを知っていた。だから、1章で詳説したように、子どもたちの教育の必須《ひっす》教科として、音楽と体育を当てたのである。音楽は魂（霊魂《たましい》）、体育は肉体のために役立つと考えられたからだ。

魂を肉体の外に広げる音の特徴とは

私たちの霊魂は、本来、自由自在な存在なのだが、往々にして、肉体という「箱」の中に、そして、宇宙から見ると極めて限定された地球という「容器」にふだんは幽閉されている。これは、霊魂が翼をもぎ取られ、小さな服を着せられ、海の底に沈められているようなものである。

このような閉じ込められた霊魂を解放すること、そして、霊魂が宇宙との交流を取り戻し、自由自在に宇宙に向かって飛翔していくこと、そこから得られる霊魂の喜びが、「霊魂が外に出る（エクスタシス）」という言葉を語源とする「エクスタシー」の本来の意味なのである。

「エクスタシー」は「霊魂が身体から離れて異界に移動して神々しい何かに接触する」という意味に限定して使われることがあるが、本書では、「霊魂が外に出る」という語源に鑑《かんが》み、もっと広い意味を与える。

物質的肉体から霊魂《たましい》が離脱していく場合だけではなく、水面に落とした小石から広がる波紋のように、物質的肉体を中心にして、霊魂がどんどん肉体の外側に大きく広がっていくという場合も含めていくことにしよう。

音楽は、このように魂を外に出す「エクスタシス」の機能を持っているのだ。

ここで重要なのは、どんな音楽でも、霊魂を解放させ、霊霊的エクスタシーを与えてくれるとはかぎらないという点なのだ。霊的エクスタシーは、ある種の特徴を持った音によって与えられるからだ。

いったいその特徴とはなんなのだろうか。それは「豊穣《ほうじょう》な倍音」なのだ。

豊かな倍音が「物質的な肉体」はもとより、「不可視の体」にまで影響を与え、私たちを霊的エクスタシーに導いていく。

霊的エクスタシーに包み込まれた私たちの霊魂は、物質的な体や、私たちが立っている地球に閉じ込められることなく、過去・現在・未来といった時間の拘束《こうそく》も受けず、多次元・多層の時空を自由自在に飛翔する存在となっていく。これは「霊魂が故郷に帰る」と表現することもできよう。そのとき、私たちの霊魂が出会うのが、神・仏・精霊、天使などの言葉が当てられてきた神々しい存在である。このような神秘体験に導くのが「豊穣な倍音」なのだ。音に豊穣な倍音が加わっていくことで、その音は、霊魂を解放に導く霊力や呪力を増していくということもできよう。

この倍音の秘密について、これから詳しく記していく。きっと、この章を読み終わる頃には、みなさんも、霊的エクスタシーを与える倍音の霊力・呪力を知り、倍音の恩恵を受けられるようになっているだろう。

たった一音の「倍音」が霊魂を解放させる

電話をかけると「少々、お待ちください」といわれ、電話が保留状態となり、待ち時間に電子音のメロディーを聞かされることがある。ここで流れてくる音楽に、ポップスやクラシックなどの名曲が使われていることが多い。しかし、名曲なのにもかかわらず、印象は無味乾燥である。待っている間、その音楽を聞いて深く感動し、霊的エクスタシーに包まれていくというようなことはない。

なぜだろう。不思議なことだ。名曲であるはずの音楽から、人を感動させるなにかが失われているのだ。

音楽を焼きたてのステーキにたとえると、倍音は旨味《うまみ》が凝縮した肉汁のようなものだ。アツアツのステーキをほおばり、ジュワーッと旨味のしみ込んだ肉汁が口いっぱいに広がる……。肉好きな人にとっては至福のひとときである。一方、調理に失敗したステーキは肉汁が飛んでしまってパサパサ。同じ大きさ、厚みのステーキでも、口の中に入れた感覚は無味乾燥だ。倍音の貧弱な音楽は、このような状態になってしまう。電子音は倍音の乏《とぼ》しい音楽、つまり、旨味のない音楽になりがちだ。だから、電子音の名曲を電話の保留中に耳にしても、霊魂《たましい》が揺さぶられるような大きな感動がないのだ。

これを逆に考えてみよう。なんの変哲もない音を、霊魂を解放する霊力・呪力のこもった音にする方法が見えてくる……。そう、倍音を豊かにしていけばよいのである。霊的エクスタシーはそのことで得られるのだ。

メロディーやハーモニーが霊的エクスタシーをもたらすのではない。音が持っている倍音に秘密があるのだ。極論すると、メロディーやハーモニーはいらない。たったひとつの音だけでよい。豊穣な倍音を持っていれば、たった一発の音だけで霊魂を解放させ、霊的エクスタシーを得ることができる。そして、神々しい存在に出会うことも……。

古代人は、この倍音の仕組みを知っていたのだ。神と交流するための「神降ろし」に使われる楽器には、この倍音の仕組みが応用されている。

そもそも倍音とは何か

楽譜に記された特定の音を楽器で発したとしよう。たとえば、ピアノで目的とする音をポーンと出したとする。自然な状態のときには、楽譜に記された音だけではなく、それより高い音が生まれ、出した音の上にのってくる。

のってくる音は、楽譜に記された音の2倍、3倍……といった整数倍の高い音、そして整数倍ではない高い音がある。理論家の中には、整数倍の高い音だけを倍音と見て、整数倍にならない高い音を「上音《じょうおん》」あるいは「ノイズ」とし、倍音に含めない考え方をする人もいる。しかし、整数倍にならない高い音も、霊的エクスタシーを生む重要な要素となるため、本書では、整数倍、非整数倍の双方を「倍音」として話を進めていく。

整数倍の倍音を「整数次倍音」、そうではない倍音を「非整数次倍音」と表現する人もいるが、普通の状態で音を発すると、それらの倍音が自然にのってくる。つまり、複数の異なった高さの音が同時に鳴り響く仕組みになっているのだが、複数の音が鳴り響いているのにもかかわらず、私たちが和音と感じないのは、非常にかすかな音で倍音が鳴り響いているためである。

しかし、かすかな音で鳴り響いている倍音が、私たちに非常に大きな影響を与える。料理にたとえると、倍音は、サッとひとふりする調味料のようなものだ。微量な調味料が料理の味を激変させるように、倍音が響きの印象を大きく変えていくのである。

これは、ポーンとピアノで発した特定の音を、ヴァイオリンあるいはフルートなど、他の楽器で演奏してみるとよくわかる。同じ高さの音を発しているのにもかかわらず、響きの印象が大きく異なって聴こえるはずだ。

これは、倍音ののり具合が楽器ごとに異なっているためである。このような倍音ののり具合の違いを、私たちは「音色《おんしょく》」として感じている。

電子音が無味乾燥な音色に聞こえるのは、倍音がほとんどのっていないからだ。電子音が奏でる保留音の名曲に、名曲から受けるはずの感動を覚えないのは倍音が乏しいからなのである。私たちの霊魂《たましい》への影響は、この倍音ののり具合によって決まっていく。

音楽で人を感動させる要素は、メロディーより倍音

電子音と倍音の関係について、日本を代表する電子音楽の作曲家として活躍した住谷智《すみたにさとし》（1932〜2003）氏が興味深いことを語っている。

現代音楽に「電子音楽」というジャンルがあり、電気的につくり出した音を駆使して、住谷氏は前衛的な音楽を創造し、現代音楽祭などで演奏していた。オーケストラなどの通常の楽器を使った楽曲に交じって、電子音楽の楽曲を披露すると、音の貧弱さが物凄く目立ち、聴くに堪えない楽曲に感じられたという。そして、この原因が倍音の乏しさにあることに住谷氏は気がついたのだ。

オーケストラで演奏されると、倍音がとても豊かにのってくる。その後で、倍音の乏しい電子音が演奏されると、音の貧弱さが、より強調されてしまう。このような貧弱な響きでは、人を大きな感動に包んでいくことは困難だ。

そこで、住谷氏は、電子音に不足しがちな倍音を、自然音並みに増強させた作品を完成させ、現代音楽祭で発表したのである。そのことで、オーケストラと並んで演奏されても遜色《そんしょく》のない

印象を与える響きが得られ、電子音でも人を感動させられるようになったと語っている。

電話から聞こえてくる電気的な保留音が人を感動させない理由を、住谷氏はこうして検証しているのである。そして、次のような結論を引き出したのだ。

人に大きな感動を与える重要な要素は、メロディーやハーモニー以上に、それを構成する「音の素材」のほうにある。倍音が豊かな音素材で音楽を構成していくことで、人に大きな影響を与えていくことができる。すなわち、音に霊力・呪力を吹き込むカギになるのが倍音であるということを、住谷氏は検証したのだ。

倍音へのこだわりから生まれた三味線

三味線は、住谷氏のような響きの感性を持った日本人がつくり上げたものであるといったら、驚かれるであろうか。実は、日本の三味線は、霊的エクスタシーを得たいという日本人の要求から生み出されたものなのだ。

日本で使われている伝統楽器のほとんどは大陸からの輸入品だ。しかし、日本人はそのまま使うことはしなかった。いろいろ手を加え、霊的エクスタシーが得られるような響きが出るようにつくり変えられていった。その代表例が琵琶や三味線なのだ。

琵琶の原型が中国などに残っているが、出てくる音はとても澄み切った音をしている。「澄み切った」という表現は、響きの上では「倍音の乏しい単純な音」という意味になる。つまり、

三味線の各部の名称

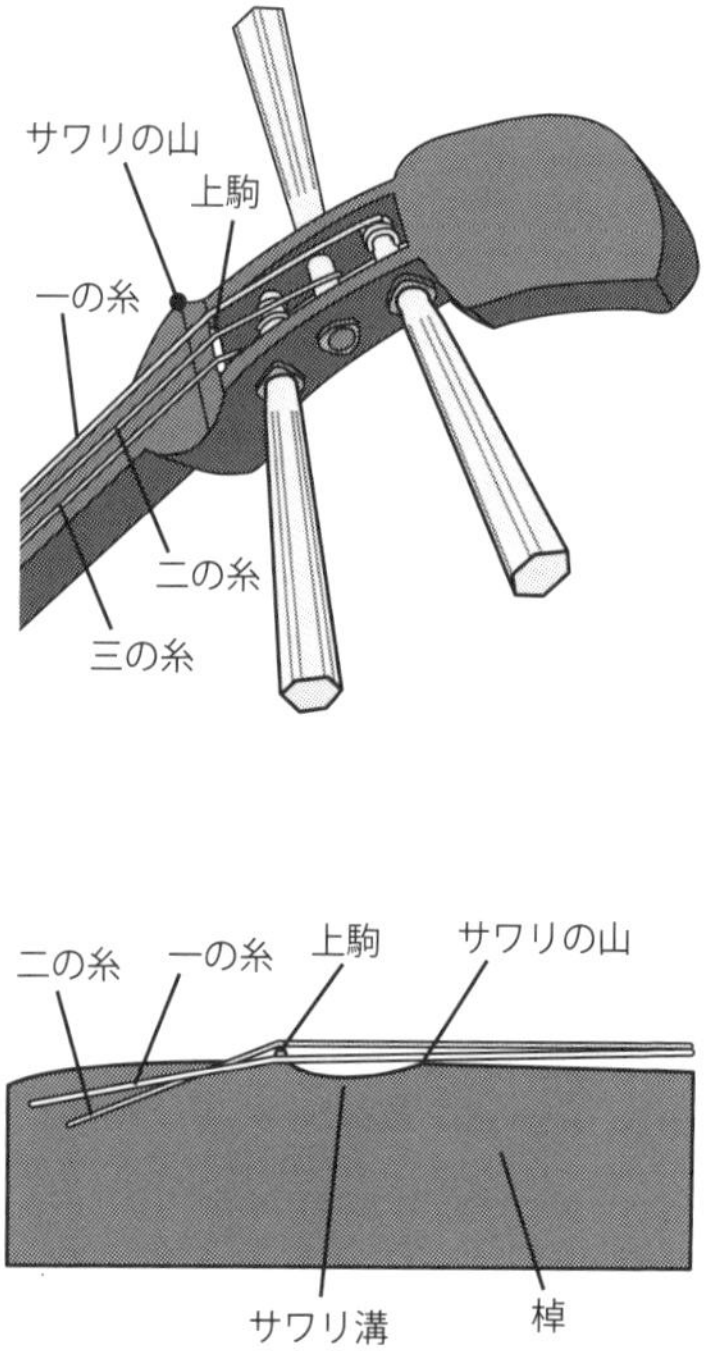

電子音のように物足りない音なのだ。

それに我慢ができなかった日本人は、伝来した楽器に手を加え、豊穣な倍音がのるような楽器につくり変えていった。このような倍音の響きに慣れていた琵琶法師が、大坂の堺に16世紀頃に入ってきた三味線を手にし、そして感じたのだ。「なんと無味乾燥な音だ……」と。

そこで、琵琶に施《ほどこ》したような改造を、中国から沖縄を経由して伝来した楽器にも施すことになったのだ。その装置は「サワリ」と呼ばれている。サワリというのは、文字どおり、楽器の弦が楽器に微妙に触れる（サワル）ことで生じる特殊な響きの効果である。

琵琶は、わざと弦をゆるゆるにすることでサワリの効果をつくったが、三味線は精度0・

1㎜という、精妙きわまりない「サワリの発生装置（サワリの山と谷）」が取り付けられたのである。いちばん太い弦をわざとコマからはずし、棹《さお》面と接触させ、面をすりながら振動させることで、豊穣な倍音を発生させるようにしているのだ。文字どおり、弦が「さわる」という精妙な装置が、いちばん太い弦の巻き取り部の近くに設けられているのである。

サワリの効果を伴わない三味線の音は、ポーンという澄み切った、すなわち、倍音の乏しい単調な音が出る。ところが、サワリの効果が伴うと、倍音が一気に豊かになって、琵琶のような複雑な響きに変質する。

こうして、味のある魅力的な響きを発する三味線が完成すると、人々の心をつかみ、大坂から江戸へと、またたくまに広まり、日本の音楽の中心的な楽器となっていった。

三味線の「サワリ」とは「豊穣な倍音」のことである。ここには「差しさわり」「霊がさわる（霊障）」のような悪い意味はない。「時間がないので、さわりだけ（良い部分だけ）聞く」のようにポジティブな意味となっているのが興味深い。

三味線はロックギターと同じサウンド

三味線が当時の人々の心をつかむことができたのは、豊穣な倍音を発生させることに成功したからだ。この三味線の豊かな倍音の響きは、なにかのサウンドに似てはいないだろうか。そうなのだ。ひずみを効《き》かせたエレキギターそのままのサウンドなのだ。「えっ」と、驚かれた方もいるかもしれない。動画サイトなどで、三味線のサワリの音と、ひずんだエレキギターのサウンド（オーバードライブやディストーションなどの機器を通した音）を比較してみるとよい。同じような音色に驚くことであろう。

ロックなどに使われているエレキギターは、1930年の初頭には、すでに実用的なものとして完成していた。ただし、そのサウンドは、ロックを代表とする現在のポピュラー音楽で耳にするサウンドとは大きく異なる。実に澄み切ったクリーンなものなのである。

その響きは、日本に伝来する前の琵琶や三味線のような音色である。人々の心を揺り動かすパワーに欠けるサウンドなのだ。ところが、1960年代の後半、ジミ・ヘンドリックス（1942〜1970）の登場によって、エレキギターのサウンドが激変する。それまで耳にしたことがなかったひずみを伴った複雑なサウンドが登場するようになったのだ。

このサウンドが人々の心を鷲摑《わしづか》みにし、ひずんだエレキギターの音色は、ロックを筆頭とするポピュラー音楽の世界でなくてはならないものとなっていく。しかし、なんのことはないのだ。江戸時代に日本人が三味線に施したサワリの響きを、電気的な手法でエレキギターに付け加えていっただけなのである。電気的に音をひずませることで、倍音を豊穣なものにすることができる。そのことによって、エレキギターの「ポロン」という単調な音が、「ギュウォン」という人々の心をとらえて離さない魅力的な音に変身していった。そして、その音が、人々に霊的エクスタシーを与えたのだ。

豊穣な倍音は意識を異界へいざなう架け橋

巨大なスタジアムに数万人の観衆を集めておこなわれるロックコンサートは珍しいものではない。このようなたくさんの人々を惹《ひ》きつけ、熱狂させているものが、ひずませることで豊穣な倍音を得ることになったエレキギターのサウンドだ。

もし、演奏中にアクシデントがあり、ギターにひずみを与える装置が機能しなくなり、ギターの音がポロポロ、ピンピンといったひずみのないクリーンなサウンドに戻ったら、熱狂していた観衆は一気に興醒《きょうざ》めしてしまうことだろう。陶酔の世界から、一気に現実的な冷めた世界に引き戻されてしまうことになる。

これを逆に考えると、こうもいえる。豊穣な倍音は、人間の意識を、ふだんとは異なる意識状態に変容《へんよう》させていく。つまり、別世界に人々をいざなうのが、豊穣な倍音だと。

その目的で琵琶法師は渡来の楽器を改造していったのである。琵琶という楽器は死者の供養《くよう》に用いられる楽器であった。壇ノ浦《だんのうら》で滅びた平家一門を供養するために琵琶が使われた。平家物語はここから生まれたものだ。

供養をするためには、アチラ側の世界との交流が必要になる。つまり、意識をコチラ側からアチラ側へと移行させるための「架け橋」が必要となる。その架け橋こそ、「豊穣な倍音」なのだ。渡来の琵琶には、その架け橋となる豊穣な倍音が不足していた。そこで、琵琶が改造され、豊穣な倍音が出るような楽器が生まれた。かつての日本人は、意識をアチラ側にいざなう、すなわち、霊魂《たましい》を解放させ、多次元・多層の時空に飛翔させる霊力・呪力を与える目的で楽器を改造していったのだ。

アチラ側は、私たちにとっては「霊魂の故郷」ともいえる神々しいエネルギーに満ちた世界である。豊穣な倍音は、そこに私たちを運んでくれる。そのことで得られる恍惚感、つまり、霊的エクスタシーを、ひずんだエレキギターが現代の人々に与えているのだ。

尺八が法器である理由

ヴォーッと初音《しょおん》で突き抜ける尺八の音は強烈なインパクトがある。その理由は、尺八が持つ豊穣な倍音にある。尺八を初めて目にする海外の人は、このような豊穣な倍音がどうして鳴り響くのかと、驚きを持って尺八の中を覗《のぞ》き込むという。

そして、尺八は、ただの竹の筒で、中になにも仕掛けがないことを知って、さらに驚くそうだ。欧米の楽器のようなメカニズムが全然ないのにもかかわらず、これだけ豊かな響きの世界が生み出されることにショックを受けるのだ。

このような豊穣な倍音を発する尺八、そして琵琶とオーケストラを組み合わせた楽曲『ノベンバーステップス』が、武満徹《たけみつとおる》（1930～1996）氏によって作曲され、1967年にニューヨークで初演された。指揮をしたのは小澤征爾《おざわせいじ》（1935～）氏である。

この楽曲は、オーケストラの音の中に尺八と琵琶が溶け込んでいくのではなく、琵琶・尺八の部分と、オーケストラの部分が交互に登場し、両者の異質な響きの世界が衝突することで生じる不思議な緊張感が魅力となっている。

このときの様子は、『対談と写真　小澤征爾』の中で小澤氏が、次のように臨場感たっぷりに書いている。

演奏が始まると、好奇心でざわついていた会場が、音楽の真実さ、強さ、美しさにひっぱられ、見る間にシーンとしていくのが指揮をしながらわかったそうだ。尺八と琵琶が猛烈な倍音を伴った響きを発すると、聴衆よりも、まず先にオーケストラの楽員が凍りついたようになり、小澤氏いわく「目の玉が飛び出て、耳が3倍ぐらいになったような顔」をしてオーケストラのメンバーが聴き入ったという。

好奇心でざわついていた会場も見る間にシーンとなり、終わると、聴衆は大喝采《だいかっさい》。オーケストラのメンバーもステージの上でブラボーの喝采を送ったという。

要するに、ひずんだエレキギターと同様の響きに心を揺さぶられた状態になったというわけなのだ。尺八と琵琶が発する豊穣な倍音が聴衆だけでなく、一緒に演奏していたオーケストラのメンバーにまで、霊的エクスタシーを与えることに成功したのである。

尺八は、悟りを開いて、宇宙的ななにかとの一体化を果たすための聖なる道具ということで「楽器」ではなく「法器《ほうき》」と呼ばれている。尺八は人を楽しませるために演奏するのではなく、自分の霊魂《たましい》を多次元・多層の時空に解放し、宇宙的なものと一体化するために用いられる。だから、誰に聴かせるわけでもなく、ひとりで吹く。尺八を吹く行為は、宇宙的なものと合一するための修行なのだ。修行とはいえ、これは苦行ではない。尺八の持つ豊穣な倍音が霊的エクスタシーを与え、時間の感覚を忘れ、恍惚状態で一日中、忘我《ぼうが》の境地で尺八を吹きながら、宇宙との一体感を楽しんでいる。禅の修行者が尺八を手放さなかった理由は、ここにある。

意識変容を起こす除夜の鐘の音

凹凸が倍音を豊かにする

大晦日の夜、心身を浄化し、清々《すがすが》しい気持ちで新しい年が迎えられるように鐘がつかれる。除夜の鐘だ。ここでつかれる日本の寺院の鐘は、西洋の教会で見られるような鐘とは違っている。西洋の鐘は表面がつるりとしているが、日本の寺院の鐘は複雑な突起がたくさんつけられている。その目的は倍音を豊かにすることにある。

つるりとした表面の鐘は倍音の乏しい単調な響きになるが、たくさんの凹凸《おうとつ》を持つ鐘は、三味線のサワリのような働きをして、倍音を豊穣なものにしていくのである。こうした豊穣な倍音が「架け橋」となって、年越しの夜、人々の霊的な本体を宇宙的なものにつないでいく。そして、宇宙的なところ（アチラ）からパワーを得て、心身を浄化し、人々は、新年へ向かう活力を得ようとしているのである。その音の作法は、古代から連綿と続く音響テクノロジーである。

日本人は、新年を迎えるとき、霊魂《たましい》を解放し、コチラ側からアチラ側へと意識を拡大させ、宇宙と一体になる儀礼を、除夜の鐘を通じて、いまもおこなっているのだ。

一音成仏とは何か

西洋の鐘と日本の寺院の鐘の鳴らし方がそもそも違う。教会の鐘はガラン、ガランと連打される。しかし、除夜の鐘はドーンと打たれた音の余韻《よいん》に耳を澄《す》ます。

尺八の修業

ゴーンと一発、鐘をついて、響きが立ち上がり、音が自然に消えていくまで3分ぐらいかかる。日本人は、その響きにじっくり耳を澄ます。音が発せられる瞬間そのものより、音が響いている空間に耳を傾ける。ひとつの音が生まれてから、それが多種多様な倍音の変化を見せ、しだいに音量を落として、消えていく。そんなひとつの音の上にのる豊穣な倍音世界の中に広大な宇宙を感得《かんとく》しようとしている。「一の中に多《た》を聴く」という、古くからの響きの伝統を日本人はいまも残しているのだ。

こうした日本人の音に対する美意識を、武満徹氏は、1975年の著書の題名に採用している。その題名とは『ひとつの音に世界を聴く』である。極小の世界に宇宙全体・万物を感得するという、茶の湯にも流れる日本人の美意識が日本の音楽の中に流れている。

尺八の修行には、この考え方が顕著《けんちょ》にあらわれている。尺八を宇宙的な何か（アチラ）と自身をつなぐ架け橋として修行をしている僧は、朝から晩まで、ひとつの音をずっと吹き続ける。そのひとつの音の上にあらわれる豊穣な倍音に耳を澄ませ、意識を変容させ、宇宙とひとつになっていく。これを「一音成仏《いっとんじょうぶつ》」という。

西洋の管楽器、例えば、フルートの練習の際、パラパラパラパラッとたくさんの音を吹きながらおこなうトレーニングとは対照的だ。

海外の聴衆に衝撃を与えた〝日本の響き〟

「一の中に多を聴く」という日本人の音感に小澤征爾氏も、先述した『ノベンバーステップス』の初演のときに気がついている。

普通、西洋音楽の演奏者は興奮すると、テンポが速くなるのに、『ノベンバーステップス』を演奏していた琵琶と尺八のふたりの奏者は、気持ちが熱くなればなるほどテンポが遅くなっていったのだ。日本人の「一の中に多を聴く」という音感は、演奏者からすると「一の中に多を込める」となる。ひとつの音をサーッと流していくのではなく、一音一音にググッ、ググッと全身全霊のパワーを注ぎ込もうとすると、どうしても音の運びが遅くなる。小澤氏は、ここに気がついたのだ。

リハーサルのときより、尺八と琵琶の演奏者が気迫を込めて音を発しているので、ガクンと音の流れが遅くなり、小澤氏は間延《まの》びしてしまうのではと指揮をしながら心配したそうだが、その心配は杞憂《きゆう》に終わった。オーケストラと対峙《たいじ》する尺八と琵琶のふたりの奏者が奏でる音は非常に強い響きとなって、間延びするどころか、会場は異様な緊張感に包まれていったという。テンポが遅くなることで、余韻が際立《きわだ》ってくる。こうして「除夜の鐘」の長い余韻の中に宇宙を感得するという、日本人が保持してきた古代の音感による音響世界が表出することになったのだ。

演奏が終わったとき、小澤氏は「これは、ぼくの血の中で、肉の中で、心の中で、また、ぼくがこれまでに得た音楽教養の中で、いちばんしゃべりたかったことをしゃべっている。おまけに、誰もが多かれ少なかれ持っている宗教心に通じるものがある」と感じたという。小澤氏が「宗教心」という言葉を使ったのは、ここに展開された音楽が、ただの娯楽や慰安を超越したところにある霊的エクスタシーを与えていたことを直感したためであろう。

会場に来ていたポーランドの作曲家クシシュトフ・ペンデレツキ（1933〜2020）や、アメリカの作曲家アーロン・コープランド（1900〜1990）は真っ赤な顔をして興奮し、作曲家であり指揮者としても活躍したレナード・バーンスタイン（1918〜1990）にいたっては「まあ、なんという強い音楽だ。人間の生命の音楽だ」と涙を流していたという。

あまりに感激したバーンスタインは、尺八と琵琶の奏者を次の日、自宅に招き、日本の古典音楽を演奏してもらったそうだ。小澤氏も同席していたそうだが、小澤氏も、バーンスタインと彼の家族も、そして彼の友人たちも目にいっぱい涙を浮かべ、終わってからも感動でシーンと沈み込み、その後、演奏者たちが帰った後も、バーンスタインたちは興奮して、（日本人にとっては）古くて、（彼らにとっては）新しい音楽について、朝まで語り合っていたそうだ。

豊穣な倍音が意識を変容させて、より大きな宇宙的な世界に合一させていくという音感は日本人だけのものではない。人類が古い時代から変わらぬ音に対する感覚として保持してきたもののようだ。だからこそ、ロックギターに代表されるひずんだサウンドが放つ、豊穣たる倍音の世界が、世界中の人々に恍惚感を与えて虜《とりこ》にしていくのだ。

ひずんだギターを演奏している人、そして、そのサウンドに身を任せている聴衆の顔を見てほしい。うっとりと忘我の境地で、意識はどこかに飛んでいる。霊魂《たましい》の解放による霊的エクスタシーを人々は豊穣な倍音の洪水の中で感得していることがよくわかる。

豊かな倍音を持つ歌声の特徴とは

日本の伝統音楽に浄瑠璃《じょうるり》、浪曲《ろうきょく》、義太夫《ぎだゆう》などといった不思議な価値観を持った語り物の世界がある。動画サイトなどで、語り方を耳にしてもらうとわかるが、西洋のオペラ歌手が発する透明なサウンドとは別種の響きで語っている。

この響きを持った声は、ダミ声、しわがれ声、ハスキーな声などと表現されることが多いが、日本の伝統世界では、この声を「虹色《にじいろ》の声」と表現する。大声を出しまくった後で、声がかれることがある。浄瑠璃や義太夫の語り手たちは、虹色の声を出すために、わざと大声を出して声帯を壊していく。最初は透明な響きであった自分の声をハスキーな声につくり変えていくのだ。こうして、最初は透明な響きであった自分の声をハスキーな声につくり変えていくのだ。

透明な響きを電気的に処理し、ひずませたサウンドに変質させていったエレキギターと同じことを、声に対しても、日本人はやってきたのである。その目的は、豊穣な倍音を自身の声に与え、聴衆を魅了するためである。

「いらっしゃい、いらっしゃい……」という物売りの声が、浄瑠璃系のハスキーな声になっていることが多いのは、その声が、お客さんを吸引する霊力・呪力を持っていることを、体験的に知っているからなのだ。霊的エクスタシーを与えるサウンドに人々は集まるのだ。

明治以降、西洋の音楽の価値観が流入し、このようなハスキーな声は「悪声」とされ、オペラ歌手のような澄み切った声が「美声」だという価値観が与えられた。日本の歌謡界も、その流れに乗って、透明な声での歌い方が主流となったが、昭和期、ここに風穴《かざあな》を開ける人たちが出てきた。青江美奈《あおえみな》さん、八代亜紀《やしろあき》さん、森進一《もりしんいち》さんらに始まる、しわがれた声を売り物とする歌手の登場である。

当時の歌謡界の重鎮たちは「汚い声で歌わないで」と苦言を呈《てい》したそうだ。しかし、森進一さんらのハスキーな声は、浄瑠璃などに聞かれる日本の「伝統的な声」なのだ。

その浄瑠璃のルーツをたどっていくと「耳なし芳一《ほういち》」の怪談で有名な、平家物語を語る琵琶法師に行き着く。

明治維新後、西洋化が進み、音楽も西洋風となり、西洋風の澄み切った声で歌う歌手が出た。しかし、その後、森進一系の歌手が続々と登場し、大衆の支持を集めていったという現象は、やはり西洋風のきれいな声では日本人の感性に合わない。日本人本来の嗜好《しこう》に戻ったのだといえるのかもしれない。

その日本人の根底にある嗜好が、豊穣な倍音を持った、ひずんだエレキギターのような響きなのである。

古代の音感に戻りつつあるポピュラー音楽

これは日本だけの現象ではない。澄み切った歌い方に満足できない人々が、ポピュラー音楽の歌手たちを支持するようになっていくのだ。西洋でも、ポピュラー音楽の歌手たちは、ハスキーな声、すなわち「虹色の声」を売り物とするようになっていく。

ルイ・アームストロング（1901〜1971）のしわがれ声は、日本の浄瑠璃系の声である。ポピュラー音楽の歌手は、こうしたロックギターのようなひずんだ声で歌い、多くの人の支持を集めている。

ポピュラー音楽では、使われるギターがひずんだ倍音豊かなサウンドになっていったが、声までもひずんだ歌い方になっていったのだ。

このような声を広めるきっかけをつくったのはビートルズだ。ビートルズのメンバーであったポール・マッカートニー（1942～）は、「ヘビーメタル（ハードロック）音楽の第一号は、我々の『ヘルター・スケルター』だ」と語っている。1968年に録音された『ヘルター・スケルター』は、徹底的にギターの音をひずませ、また、わざとひずんだ声で歌うなど、これまでの西洋のポピュラー音楽が出したことのない徹底的にひずんだサウンドが展開されている。

ここに影響され、イギリスのキング・クリムゾンというロックバンドが1969年に『21世紀のスキッツォイド・マン』という楽曲を発表した。このバンドのヴォーカリストは澄み切った透明な声の持ち主なのだが、自身の声を電気的に処理し、ひずんだギターの音色のような声に変質させて歌った。当時の衝撃の余韻がいまも残っており、この楽曲は、CMやテレビ番組などに使われ、日本でも、さまざまな場面でいまも聞かれる。

このような流れから、ハードロックやヘビーメタルといわれる、楽器や声を極度にひずませた響きのスタイルの音楽が確立し、大衆の支持を受けていくことになる。しかし、なんのことはない。江戸時代に日本人が使っていた三味線は、ロックギターと同じ音色であり、その上にのる歌い方は、すでにヘビーメタルの歌い方なのだ。日本人が愛していた響きの世界を、ビートルズ以降、電気的な処理を施《ほどこ》し、西洋の音楽家は多用していくことになるのだ。そして、世界の人々は、このような豊穣な倍音を持つサウンドに熱狂していくことになる。

そのような音楽のコンサートに足を運ばれた方もいると思うが、実際、会場にいってみると、豊穣な倍音が誘発する霊魂《たましい》の解放、その解放感から生まれるエネルギーは物凄いものがある。若者たちは、首の骨が折れるのではないかと思われる勢いで首を前後に振り（ヘッドバンキング）、こぶしを振り上げ、大声で叫び、足を踏み鳴らす。失神する人も珍しくない。このようなことは、澄み切った声で歌われるクラシックコンサートでは、あり得ないことだ。

しかし、このような倍音豊かなサウンドが、ビートルズ以降、突然、世界にあらわれたわけではない。これは、世界各国の民族音楽の古くからの音使いなのだ。ビートルズのメンバーが傾倒《けいとう》したインド音楽のシタールなどの響きに、それを聞くことができる。

日本人は、その倍音豊かな音響世界をしっかりと保持してきたが、世界の多くの人々は、長らくそれを忘れていただけなのである。

いま、世界の音楽のサウンドの質が古代の音感に戻ってきているといえよう。それは、霊魂の解放による霊的エクスタシーが求められてのことなのだ。

倍音の干渉が霊的エクスタシーを高める

ある音を自然な状態で発すると、その音よりも高い音が次々にのってくる。この高い音が

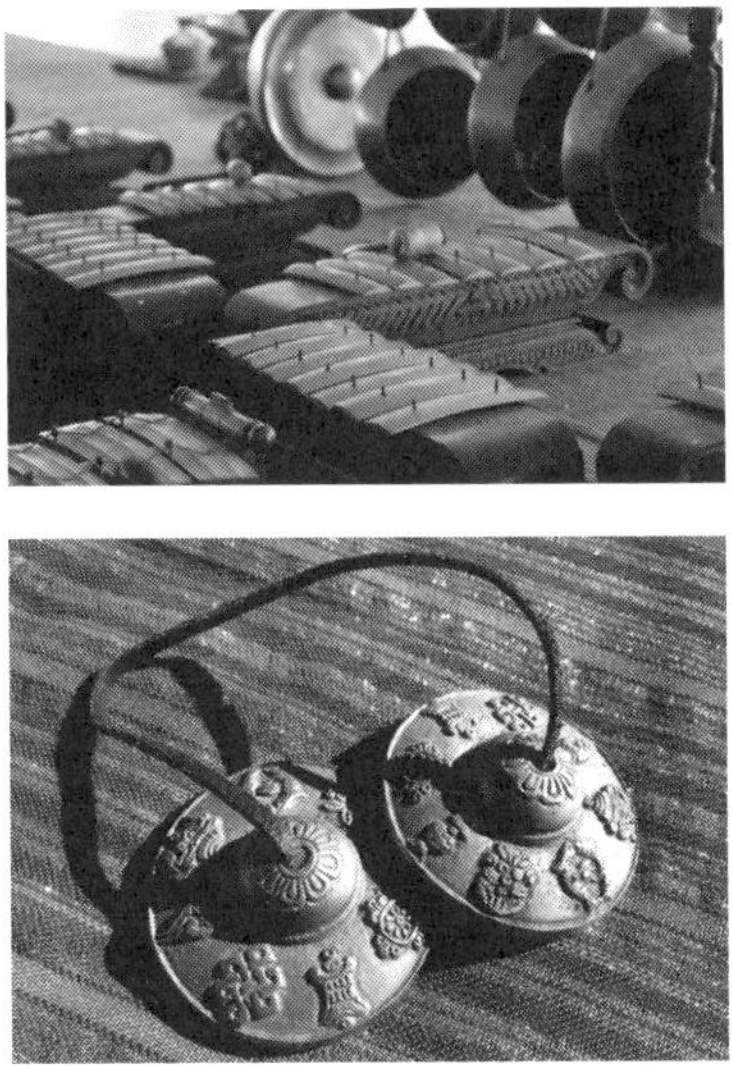
音が干渉するガムラン（上）とティンシャ（下）

「倍音」である。階段のように、次々と高い音がのってくるのだが、より高い倍音ほど、人間の霊魂を解放させ、霊的エクスタシーを与える効果が高くなる。

その恍惚的な霊的エクスタシーが求められ、さまざまな工夫が凝らされてきた。それが音の干渉《かんしょう》である。

インドネシアのガムランと呼ばれる民族音楽がある。金属系の打楽器をパルスで連打するサウンドが特徴なのだが、ガムランに使われる金属打楽器は、同じ音の高さを出すものがふたつセットになっている。このふたつの楽器は手作りのために、微妙に音の高さが異なっている。そのふたつの楽器から音が発せられると倍音の干渉が起こり、より高いほうの倍音が複雑かつ豊かなものとなっていく。

チベット仏教などで使われるティンシャという小さなシンバルもそうだ。ふたつのシンバルは、微妙に音の高さがずれている。そのふたつのシンバルを打つと、微妙にずれた音が干渉し合い、複雑な高い倍音が生じるように工夫されている。

宗教系の楽器には、より高い倍音を豊かにしていくための工夫が凝らされていることが多い。

そのことで、霊魂の解放がスムーズになされ、強烈な霊的エクスタシーが得られることを体験的に知っているのだ。

「声明」が生み出す特殊な倍音の効果

仏典に節《ふし》をつけて歌われる声明《しょうみょう》もそうだ。集団で歌われる場合でも、音とりに役立つピアノのような伴奏楽器がなく、西洋の合唱団に見られるような指揮者も持たない。

「声明」がソロ、すなわち、「頭《とう》」で歌われる場合は問題ないが、何人かが一斉《いっせい》に声を出し始めると、西洋の合唱のような統制感がなく、音の高さも、フレーズもそろわずに進行していくことになる。

欧米で声明の公演があると、きっちりと統制の取れた西洋の合唱形式とは違う演奏に違和感を覚えるのか、「あのバラバラな演奏は、今日にかぎっての間違いで失敗したために、ああなったのか？」と指摘されることが、少なくないという。

これは、合奏の「形式」に対する西洋と日本の価値観が違うために出てくる質問である。たとえば、合唱団で同じパートを歌う歌手が10名いたとする。西洋音楽の場合、10名集まった主たる目的は音量を大きくするためである。

ところが、声明の場合、10名集まったとすると、その目的は音量を大きくするというより、空間に多彩な響きを濃密に充塡《じゅうてん》していくことにある。つまり「響きの密度」を高めることに眼目が置かれているのだ。だから、高さも、フレーズもそろわず、各自がバラバラに進行していくことは問題とされない。むしろ、そのことが好まれる。なぜなら、その結果、倍音の干渉による、きらめく「響きの饗宴《きょうえん》」が生じるからなのだ。

声明を注意深く耳にしていると不思議な音が聞こえてくる。男の僧侶の声の中に、女性のような非常に高い声が聞こえてくることがあるのだ。

これは倍音干渉のイタズラだ。響きの中の、特定の倍音が偶発的に強調されて聞こえてくる現象なのだ。声明に耳を澄ますと、非常に高い倍音の響きがキラキラと、さざ波のように、寄せては消えていく。それをくり返す。

このことで、声を発している人はもとより、この響きを耳にしている人も意識が変質し、アチラ側に霊魂《たましい》が解放され、霊的エクスタシーを得ていくことになる。ガムランやティンシャでみられる古代の音の知恵を、より発展させているのが声明といえよう。

このように、多人数で音の密度を高め、各自の声が発する倍音を干渉させ、独特な音響世界をつくる読経は「倍音声明」と呼ばれ、一般の人にも知られるようになった。

西洋の合唱とは大きく異なる声明の形式に違和感をおぼえていた欧米の人も、いったん、声明の形式に慣れてしまうと、耳は安心して声明の豊穣な響きに向けられ、霊的エクスタシーを得て、声明にはまってしまう人は少なくないという。いままでは、そんな欧米の人たちからの招きで、声明の海外公演が盛んになってきている。

「喉歌」が持つ声の呪力の秘密

倍音声明の響きをひとりでつくり出すのが「喉歌《のどうた》」と呼ばれる発声スタイルである。モンゴルのホーミー、トゥヴァ共和国（ロシア）のホーメイなどが代表的なものである。耳にしたことがない方は、動画サイトなどで聞いてみることをおすすめする。

浄瑠璃のような低いダミ声で唸《うな》りながら、その上にのる特定の高い倍音を強めていくのだが、実に、それは摩訶不思議な響きである。舌や口唇の形を変えていくことで、強められる倍音を変えていくことができるため、メロディーをつくり出すこともできる。低いダミ声の中に、甲《かん》高《だか》い笛のような音が聞こえてくるが、それが強められた倍音である。倍音声明の響きを一人でつくり出しているのだ。

もともとは誰かに聞かせるためのものではなく、広々とした草原の中に立ち、自分と大自然（宇宙）をつなぐために、霊魂を解放する目的から発せられたものである。

そのことがゲオルギイ・グルジェフ（１８６６～１９４９）の伝記映画で描かれている。グルジェフは20世紀を代表する神秘思想家であり、彼の影響を受けた芸術家や文化人は数多い。グルジェフの著書『注目すべき人々との出会い』が１９７９年に映画化され、演劇界の巨匠ピーター・ブルック（１９２５～）が監督をつとめている。

映画の冒頭のシーンが興味深い。山々に向かって、多くの音楽家が演奏を披露していく。山々がその演奏に応《こた》えた者が勝者となるコンテストの場面なのだ。多くの演奏家がいろいろな楽器を使って演奏をするが、山々は沈黙を守る。そんな中、ひとりの演奏者が喉歌をおこなったのである。すると、山々がその豊かな倍音の声に呼応して響き合い、響きが遠くまでこだましたのだ。こうして、その歌い手が勝者となる。

その様子を見ていた、たくさんの人の中に、少年グルジェフがいた。このシーンから、グルジェフの伝記映画がスタートするのだ。

音楽が大自然（宇宙）を鳴動《めいどう》させ、歌い手と自然（宇宙）をひとつにしていく。豊かな倍音によって解き放たれた歌い手の霊魂《たましい》がそれをなしていった様子を、少年グルジェフは大いなる驚きをもって見つめていた。このグルジェフの経験が、その後の彼の人生を決定づけていったということを暗示する場面だ。

実際、グルジェフは音を重要視し、霊魂を解放させ、霊的エクスタシーに包まれながら悟りを得ていく「ワーク」と呼ばれる独特な方法を開発していった。

ドーンという太鼓のような低い音はお腹から下に、黒板を爪で引っ搔《か》くときに出てくるキーッという音は脳天に響くという経験をされたことがある人は多いだろう。より高い倍音は頭に響き、頭と宇宙の接続点を活性化させ、霊魂の解放を強める。

宗教儀礼に使われる楽器に、このような高い倍音を豊かに発するものが多用されているのには理由があるのだ。

「夜に口笛を吹くと蛇が出る」の真相

夜に、口笛《くちぶえ》を吹くと蛇が出るという言い伝えが、日本各地に残されている。「蛇」というのは、異界からコチラ側にやってくるエネルギーの象徴である。

つまり、これは、口笛の響きがコチラ側とアチラ側のゲートを開き、アチラ側との交流を促進するという意味なのである。夜に口笛を吹くという行為は、なにかしら、この世のものならぬモノを呼び出してしまうと思われていた。

日本における古神道《こしんとう》の「鎮魂帰神《ちんこんきしん》」と呼ばれる、見えない世界との交流技術は、音を立てて息を吹き、口笛のような音を相手の背後から吹きかけることで霊を呼び出そうとする。これを「息吹き」といっている。

こうした伝承をもとに、夏目漱石《なつめそうせき》（1867～1916）は『夢十夜《ゆめじゅうや》（第四夜）』の中でイマジネーションをふくらませ、笛の響きが不思議な蛇をコチラ側に出現させるという話を展開している。

ある音を発すると、それよりも高い音が次々にのってくる。それが倍音であった。発せられる音が甲高いほど、そこにのる倍音も必然的に高い音となっていく。口笛はまさにそれである。ピーッという高い音の上に、それよりも高い倍音が次々とのってくる。この「高い倍音」が、異界へのゲートを開き、霊魂を解き放ち、アチラ側とのエネルギーとの交流を促進させるのだ。

この「非常に高い倍音」は「高次倍音」とも呼ばれる。

縄文人が利用した「石笛」の霊力

古代の人は、すでにこの「高い倍音（高次倍音）」が持つ霊力のことを知っており、異界へのゲートを開くために、甲高い笛の響きを活用していたのである。日本では、縄文人が「石《いわ》笛《ぶえ》」などを通してすでに活用していた。

縄文時代の遺跡から、さまざまな形の石笛が見つかっている。初めは、穴の開いた自然の石を拾って、それを吹くと意識が変容し、不思議な世界との交流が促進されることに気がついた

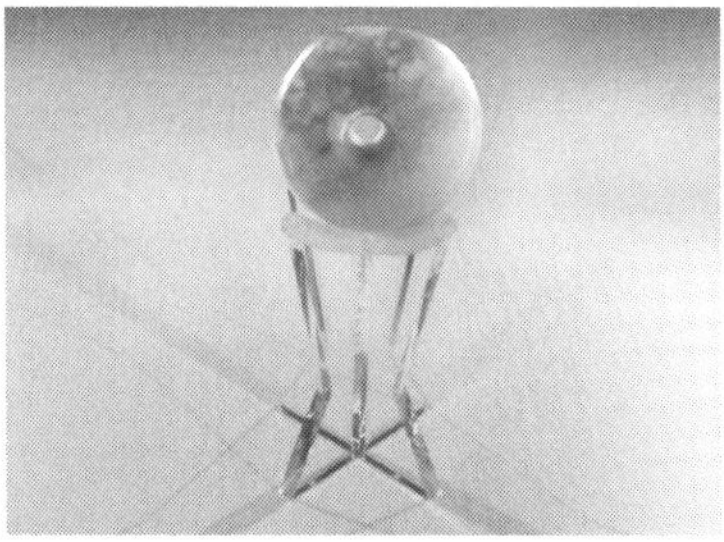

三内丸山遺跡（上）と
遺跡から出土したヒスイ（中・下）

三内丸山遺跡は、2021年7月に「北海道・北東北の縄文遺跡群」として、国連教育科学文化機関（ユネスコ）の世界文化遺産に登録された、重要な縄文遺跡のひとつ。

のであろう。

そのような音の霊力に気がついた縄文人は、コチラ側と異界のゲートを開く響きを求め、石に意識的に穴を開けるようになった。

その穴に紐《ひも》を通し、ペンダントとして身につけ、パワーストーンの効能を得ていたことはもちろん、必要なときには、穴に息を吹き込み、甲高い笛としても活用していたことがうかがえる。

三内丸山《さんないまるやま》遺跡から、複数のヒスイの大珠《たいしゅ》が出土している。興味深いのは、真ん中に開けられた穴だ。

この穴から息を吹き込むと、ピィーッという甲高い音が出る。笛は素材が硬《かた》いほど、高い音が出る。ヒスイは他の石より硬いので高い音が出しやすい。だから、これは胸にぶらさげる単なるアクセサリーではない。神事などで音を発していたとみられるのだ。テニスボール大の、ずっしりとした重みのあるヒスイの穴の開いた大珠も発見されており、これは、首からぶらさげるペンダントとしては、違和感がある。ヒスイの大珠の最大のものは直径6・5㎝、高さ5・5㎝、重さは500g近くもあるからだ。

これらは、祭祀用具あるいは権威の象徴であったと考えられ、この権威ある道具を通して、神々しい世界とつながるための音が、この石から発せられていたとみられる。こうした石笛は、副葬品として墓から出るケースもある。石笛と一緒に埋葬された者は、石笛の儀をとりおこなう神職の祖といえるシャーマンではないかとみられている。

この縄文人が発見した、古代人の叡智ともいえる響きのテクノロジーは現在も神社で活用されているのだ。神社の境内から縄文の遺物が出てくるケースは珍しくない。縄文の聖地（パワー・スポット）が、そのまま、現代の神社仏閣に姿を変えている例が多いのである。このような神社で、いまも縄文に由来する石笛が使われているというのは、たいへん興味深い。

石笛に魅了されていた三島由紀夫

三島由紀夫《みしまゆきお》（1925〜1970）氏は、小説『英霊《えいれい》の声』で、石笛について次のように記している。

「石笛の音は、きいたことのない人にはわかるまいが、心魂をゆるがすような神々しい響きを持っている。清澄《せいちょう》そのものかと思うと、その底に玉の様な温かい不透明な澱《よど》みがある。肺腑《はいふ》を貫くようであって、同時に春風駘蕩《しゅんぷうたいとう》たる風情に充《み》ちている。古代の湖の底をのぞいて、そこに魚族や藻草のすがたを透かし見るような心地がする。又あるいは、千丈《せんじょう》の井戸の奥底にきらめく清水に向かって、声を発して戻ってきた谺《こだま》をきくような心地がする。この笛の演奏がはじまると、私はいつも、眠っていた自分の魂《たましい》が呼びさまされるように感じるのである」

まことに小説家らしい暗喩《あんゆ》に満ちた表現だが、「魂《たましい》」という言葉を使っている点が注目される。石笛が発する豊穣な高い倍音が霊魂《たましい》に影響を与えることを直感したのだろう。

彼もまた石笛の音に魅了されていた、すなわち、ここから霊的エクスタシーを感得したひとりなのだ。

神降ろしに使われた石笛

神社で石笛が使われている代表格は京都の地主《じしゅ》神社である。ここでは、元旦、新年の縁結びや開運招福を願い、地主神社につめかける参拝者のために、古代縄文より伝わる石笛を奏し、新年のご利益のある神様をお呼び申し上げるという。ここで興味深いのは、石笛は単なる楽器ではなく、完全な「神降ろし」のための聖なる道具と位置づけられている点だ。

石笛が使われる神社では、石笛の使用に関して制限を加えていることが多い。石笛に関心を持って訪れる者に対しても、まず、神事に参加させ、お祓いをし、正しい作法を説き聞かせてからでないと、石笛を決して聞かせないという神社もある。

石笛を聞かせるときも、最初に「神様は、やたらに呼び出すものではない」と注意される。これは、素人が面白がって石笛を演奏し、石笛の音に長時間身をさらすことの危険を戒めたものだ。

準備のできていない者が、コチラ側と異界のゲートを安易に開けてしまうとたいへんなことになるということなのだろう。こうした戒めが「夜に口笛を吹いてはいけない。蛇が出るから」という伝承を生んだのだ。

「霊体」を呼び寄せる「能管」の響き

日本の伝統芸能である能で使われる「能管《のうかん》」という笛は、縄文由来の石笛に関わり深い。能管の材料として最高とされるのは、古い民家の屋根の骨組みに使われていた竹だ。囲炉裏《いろり》の煙でいぶされ、すすけた竹が最高の材料として珍重される。この竹をさいて、竹の表側と裏側を逆にして貼り合わせ、能管という笛をつくっていく。これは、竹の表側の硬い繊維を内に持っていくことで、高音域で、はりのある音をつくることができるからである。

硬くなった内面を、さらに硬くするため、笛の内側に、漆《うるし》が塗られていく。能管の原型とみられる竜笛《りゅうてき》の内面にも漆が塗られるが、能管は塗る回数をさらに増やし、厚い漆の壁をつくっていく。このことによって、能管特有の鋭く硬質な音が出るようになっていく。これら一連の制作工程は、能管を石のような硬質な素材にするためのものなのだ。つまり、能管を石笛の響きに近づけようとしているのだ。

なぜ、そのような必要があるのだろう。それは、石笛のような響きが、能の場面に必要だからだ。

能は、生と死の境界に立脚する芸能である。世阿弥《ぜあみ》（1363頃～1443頃）の「夢幻能《むげんのう》」という形式に、それが凝縮されている。

夢幻能は、ワキ役の人物（旅の僧のことが多い）が、不思議な人物（前ジテ）に出会うところから始まる。その人物が、土地にまつわる物語を僧に話して聞かせ、自身の本体をほのめかして消える。ここまでが「前場《まえば》」である。その後、かつて、一世を風靡《ふうび》した美男美女・英雄・権力者などが、本体（霊体の場合が多い）として、ありし日の姿で、再登場し、話をしたり、舞を舞ったりする。これが「後場《のちば》」だ。

つまり、主役となる人物のほとんどが悲劇の主で、この世になんらかの怨みを残して死んだ人物の霊体なのである。その霊体が、この世に再びあらわれ、思いのたけを謡《うた》い、語り、舞って、やがて、舞台から消えうせるという設定になっている。これが夢幻能の形式なのだ。

最初からシテ（主人公）が、霊体であらわれる場合は「単式夢幻能」。2幕形式をとり、後場で、霊体となって登場する形式を「複式夢幻能」と呼ぶことが多い。

霊体の登場する能は世阿弥以前にもあったが、夢幻能という、高度な様式に練り上げたのは世阿弥である。世阿弥が大成した能は、「この世」と「あの世」という、「ふたつの異なる世界の統一構造」を表現した、境界の橋渡しとなる呪術性を持った芸能なのだ。観衆は、能を鑑賞しながら、自身の意識も一緒にアチラ側につないでいく。そのためには、観衆も一緒に霊魂《たましい》を解放させる必要がある。だから、そのような霊力を持った縄文由来の石笛のような響きが求められたのだ。

石笛と同じような甲高い響きを能管は発する。脳天を貫くような、強烈な高音の響きは「ヒシギ」と呼ばれ、この音とともに、霊体があらわれるという設定になっている。

霊体、すなわち、オバケがあらわれる舞台を日本人は楽しんできたのだが、その楽しみを与えてきたのがヒシギなのだ。この甲高い豊穣な倍音が、観衆の霊魂《たましい》を瞬時に解放させ、舞台に登場するような異界を自身も感得することで、霊魂の解放から得られる霊的エクスタシーを楽しんできたのである。

このような伝統を日本人は持っているのだが、現代のデジタル技術は、霊的エクスタシーを与える豊穣な高次倍音を破壊しているのである。

CDの音質に満足できない人たち

CDの売り上げが落ち、ライブに足を運ぶ人の数が大きく増えたといわれる。ライブの入場者数の増加は、人々がCDの音には満足できないことのあらわれともいえよう。

CDのなにに満足できないのであろうか。それは倍音の豊かさだ。

LPなどのアナログレコードからデジタルのCDへの移行の時期に、アナログレコードのファンの多くが「CDは音が悪い」と拒絶反応を示した。

アナログレコードのファンが、CDの音の悪さをあまりに強く主張し続けるため、いろいろなメディアが調査を開始するところとなった。そこでわかったことが、倍音に関わる事実だったのだ。

通常のCDの仕様では、2万ヘルツ(20キロヘルツ)から上の音域はカットされる。つまり、上層につらなる倍音の階段が破壊されてしまうのだ。ところが、ＬＰなどのアナログレコードでは、ＣＤで破壊される2万ヘルツから上の倍音が再生される。ＣＤの音を拒否した人の耳は、このことを鋭く感知していたのだ。

ＣＤの音に違和感を持った人が、クラシックやジャズ好きのオーディオマニアに多かったという点も見逃せない。ＣＤの普及前、ＬＰレコードで、アコースティック音楽の伸びやかできらめく高次倍音の響きを高級オーディオ機器で聞いていた人たちである。ＣＤでは、そうしたおいしい部分が切り捨てられてしまう。

ダウンロードされた音楽の問題点

このことが現在も深刻な問題を生んでいる。音楽を生み出す現場と、それを享受《きょうじゅ》するリスナーとの間で、音質のギャップがますます加速しているのだ。それは、こういうことなのである。

音楽制作の現場の技術的な発展は目を見張るものがある。生音そのままに、ダイレクトに素晴らしい音で音楽づくりがなされるようになっている。ところが、リスナーに届けられるデジタル・オーディオ・プレーヤー向けのＭＰ3などの音は、ＣＤ以上に広い音域の倍音がカットされてしまう。高次倍音がカットされてしまうと、リズムに切れがなくなり、旋律は伸びやかさを失うなど、音楽が無味乾燥なものとなって、響きはどんどん物足りなくなっていく。

音楽制作の現場では、ますます良い音づくりがなされているのに、音を聞く側の環境はますますます悪くなっている。多くの音楽家はこのギャップに泣いている。せっかく苦労してきらびやかな彩色をほどこしたのに、それが、無残にも白黒印刷されて相手に届けられてしまうようなものだからだ。

現在はCDではなく、音楽をダウンロードして楽しむスタイルが主流になっている。しかし、ダウンロードされてやりとりされるMP3などの音は、CD以上に薄っぺらな音になりやすい。高速でデータをやりとりするためには、データの容量が小さいほうが便利だ。そのため、自然のままの本来の豊かな倍音が大きくカットされ、ずいぶん、ゆがんだものとなって私たちに届いているのである。

音でいちばん情報量を必要とする部分は、高い倍音のところだ。高い音の成分がなくなれば、情報量が少なくて済む。つまり、軽いデータとなって、やりとりがスムーズになる。こうしたわけで、ダウンロードされてやり取りされる音楽データの多くが、高い倍音成分を大きくカットしたものとなっているのである。

デジタル機器は多大な利便性を与えてくれてはいるが、同時に音楽において非常に大切なにかを削《そ》ぎ落としている。それが霊的エクスタシーを与えてくれる豊穣な高次倍音なのだ。

CDやダウンロードされた音から、思うように霊的エクスタシーが得られないと直感する人たちが、伸びやかに広がる倍音の海に浸ろうと、ライブに足を運んでいるのだろう。そして、霊魂《たましい》を解き放って、自身をリセットし、心身ともにリフレッシュしようとしているのだろう。

こうした欲求が、ライブに足を運ぶ人の数を増やしている原因のひとつになっているように思われる。

音によって直感力を高めた縄文人

しかし、私たちは、このような豊穣な倍音を失った「ニセモノの音」に慣れてしまう。私もそのひとりである。日々、私はたくさんの音楽を聞いているが、それは、デジタルメディアを経由する高次倍音のカットされた薄っぺらな音である。知らず知らずのうちに、そのニセモノの音に慣らされている自分に、ときどき、気づくのだ。

先日も森にいったら、自然の音、ホンモノの音の物凄さに感動してしまった。暗闇にいた人が、突然、太陽の下に出ると、眩《まぶ》しさに戸惑うということがあるが、まさに、音の眩しさに衝撃を受けたという感じであった。

森は、風が樹々を渡るサーッという高い音、夏になると蟬《せみ》、秋になると虫の声といった具合に、豊穣な高次倍音に満ちている。大橋力《おおはしつとむ》（１９３３〜）氏の調査によると、森林に響いている音は５万ヘルツをはるかに超えており、熱帯雨林では10万ヘルツ以上の高い音に満ちているという。

縄文人は文字を持っていなかった。それは、彼らにとって、文字は必要なかったからだ。たとえば、誰かと待ち合わせるとしよう。その場所を言葉で伝えるのはたいへんだ。しかし、地図を見せれば、言葉をたくさん使わなくても済むし、かつ、正確に情報を伝達することができる。もし、その地図のイメージを心に思い描いただけで、相手にそのまま伝わったら、言葉は必要なくなる。縄文人はこれができていたのだろう。だから文字は必要なかったのだろう。

このような、あるイメージをダイレクトに相手の意識に届けることを「テレパシー」と呼んだりする。言葉を交《か》わさなくても、相手の微妙な気持ちをわかり合えるという意味の「阿吽《あうん》の呼吸」という言葉があるが、この「阿吽の呼吸」こそ、「テレパシー」という言葉が意味するものだ。

縄文人は、このようなテレパシーの達人だったとみられる。この縄文人のテレパシー能力は、子孫である、私たち日本人の血の中にも流れている。それが、「空気を読む」という日本の伝統文化を生んだのだ。言葉にならない相手の気持ちを察するのは、テレパシー利用そのものだ。

縄文人がこのテレパシー能力を高められたのは、大自然の中で生き、非常に高い倍音に包まれていたからだといえそうだ。高次倍音によって、彼らの霊魂《たましい》は常に解放状態にあり、大自然、そして、宇宙との一体感を日常的に持っていた。そのことで直感力を高め、相手の心の中の情報を、言葉を介《かい》さずに感じることができたのだろう。

テレパシー能力に優れた縄文の血を持つはずの日本人の中に「空気を読めない（KY）」という人が増えているといわれる。これは高い倍音が大きくカットされた私たちの音環境が影響しているように思う。

だから、高次倍音がカットされた音楽の問題は非常に危険だと感じるのだ。強い危機感を抱いている。だから、なるべく、高い倍音が満ち満ちている音に触れるため、森の中を散歩するように努めている。能力者といわれる私でさえ、ニセモノの音に慣れて、直感力が鈍《にぶ》ることがあるからだ。

なぜ聞こえない音域をカットしてはダメなのか

しかしながら、音は耳で聞くものだ。2万ヘルツから上の高い音は人間の耳に聞こえない。だから、このような高次倍音の話をするのは意味がないという主張をする人もいる。

だが、音は耳でとらえられるものばかりではないのだ。大橋力氏のグループはこのことも検証している。

耳の鼓膜の振動を通して聞く音には確かに上限がある。それが約2万ヘルツといわれ、加齢に伴い、聞こえる音の上限がだんだん低くなり、高い音が聞こえにくくなる傾向があるといわれる。2万ヘルツから上の音はカットされるというCDの仕様は、ここからきている。人間の耳を通して聞こえない音を収録しても意味がないと考えられたからだ。

しかし、CDでカットされる2万ヘルツから上の高次倍音が、どのように人間に影響を与えるかが、大橋氏のグループによって調査されたのである。

その結果、興味深い結果が得られた。ヘッドホンで2万ヘルツ以下の可聴域の音を聞かせた人と、ヘッドホンを使わずに2万ヘルツより上の倍音を含む音を聞かせた人では、全身に音を浴びた人の脳が大きな影響を受けることが判明した。

さらに、ヘッドホンで可聴域の音を聞いている人に、その音にのる可聴域を超える高い倍音だけをスピーカーから出して体に浴びせると、脳はやはり顕著《けんちょ》な反応を示した。つまり、鼓膜を通して聞こえない高い音は、体《からだ》全体でキャッチしているということがわかったのである。

2万ヘルツから上の高次倍音が生命活動を好転させる

2万ヘルツから上の高次倍音を含む音を浴びた人の脳の反応は、さらに興味深い結果を示していた。脳幹《のうかん》、視床《ししょう》、視床下部《ししょうかぶ》といった脳の重要部位が高い音によって活性化していくのである。

脳幹は人間の意識制御や生命維持に関わっている。また、視床はさまざまな感覚入力をつかさどり、視床下部は、自律中枢の調節をおこなう中央ステーションの役割を果たしている。心と体の中枢部分となるこれら脳の基幹《きかん》部位が高い倍音によってイキイキと動き出し、自律神経系やガンの防御を担当するナチュラルキラー細胞の活性化、免疫活性の増大、ストレス性ホルモンの減少など、生命活動を好転させるさまざまな要素が確認されたのだという。

また、感受性が高まることも報告されている。可聴域を超える音に触れた人は「はっきりと物が見えるようになった」というような、聴覚だけにとどまらない知覚向上の反応があらわれるというのだ。大橋氏の著書『ハイパーソニック・エフェクト』には、以上のことが詳しく記されている。

肉体は心の反映、心の影のようなものだという人がいる。私もこの意見には賛成だ。ある種の心の癖、特に感情の持ち方が病気の原因となっていることが少なくない。その心の癖を改善しないかぎり、肉体の悪い部分を摘出したとしても、再発をくり返す。このような事例を、私はたくさん見てきた。

逆にいうと、心が神々しい光輝に包まれたら、肉体もそれにならって、本来の力をイキイキと取り戻していくといえる。豊穣な高い倍音は、霊魂《たましい》を神々しい世界に解き放ち、神々しい光輝に私たちを満たす効果を持っている。その反映が、生命活動を好転させるという大橋氏の調査結果にあらわれているのであろう。

このような話を聞くと、2万ヘルツより上の音が重要だと考え、2万ヘルツから上の音だけを浴びたらよいのではないかと考えてしまう。しかし、その方法では、脳の反応が消えるというデータも大橋氏は得ている。あくまでも、ある音にのる自然な倍音として、2万ヘルツから上の音を浴びないと脳は反応しないのだ。

琵琶や三味線を高い複雑な倍音が出るように改造したり、石笛の響きに近づけるような能管をつくったりという、日本人の「高次倍音」への古くからのこだわりは、この効果を求めてのことなのだ。そのために、自然な音として高次倍音を発する楽器がさまざまに考案され、多種多様な場面で使われてきたのだ。

骨伝導の音が修行になる理由

録音された自分の声を聞いて違和感を覚えたことがある人は少なくないだろう。ふだん自分が聞いている声は、空気中を伝わって耳から入ってくる音の他に、骨伝導《こつでんどう》によって直接、聴覚に伝えられる音成分が加わっている。しかし、録音された声は、空気振動の音だけで、骨伝導の音が入っていない。これが違和感の原因になっている。

ベートーベンが難聴を訴えながらも作曲活動が継続できたのは、骨伝導に助けられたからだといわれている。くわえた棒をピアノに押しつけることで、音の振動は頭蓋骨に響く。イルカは顎《あご》の骨で音をキャッチしているが、ベートーベンも同様に骨伝導を利用して音を感じていたのだ。

人間の耳でキャッチできないとされる非常に高い音は、骨伝導で与えると知覚される。高次倍音が体表で知覚されることを大橋氏は検証したが、その他に、イルカと同様、骨伝導が伝達経路にもなっているのだ。

耳から入る空気振動による気導音《きどうおん》を、両手で両耳を押さえ排除すると、一瞬、無音状態となるが、しだいに別の音、それも、非常に高い音がわき上がってくるのが感じられる。気導音に代わって聞こえてくる音が、骨伝導の音である。骨を通し、直接、聴覚系に伝えられる音がこれだ。

骨格に対して、内臓の動きや血流の音が、複雑な共鳴をくり返していくと高い倍音が強調されていく。両耳をふさぎ、骨伝導の音に意識を集中していると非常に高い音が聞こえてくるというのは、人間の骨格によって自然に生じる高い倍音を骨伝導によって感じ取っているからである。

インドでは両耳をふさぎ、内部からわきあがってくる骨伝導の音を聞くという修行がある。骨伝導の音に意識を集中していると、しだいに甲高い笛のような響きがあらわれ、さらには、精妙な金属的な音が聞こえてくる。この音によって心身が正常化し、あらゆる罪業《ざいごう》が消滅するとされている。大橋氏が検証した高次倍音の効果は、古くから、インドでは、修行の中に応用されてきたのだ。

音はオーラとも共鳴している

音は耳ではなく、本来、体全体で感じるものだ。高次倍音は体の表面で感じたり、骨振動としてとらえられたりすることについては述べたが、低音もまた、体全体で感じている。

お祭りで太鼓の音を聞いたとしよう。お腹にズンズンと太鼓の低音が響く。後で、この録音をヘッドホンで聞いたとしよう。なにか物足りなく感じるはずだ。耳の中の鼓膜から得る振動だけが「音」ではないという証拠でもある。低音もまた、耳だけではなく、体全体で感じているのだ。

このことを体現しているのが、イギリスの打楽器奏者エヴェリン・グレニー（1965～）である。彼女は、8歳で聴覚障害を起こし、12歳でほぼ聴覚を失った。しかし、彼女は、世界で最も権威ある音楽賞のひとつといわれるグラミー賞を受賞するまでの演奏家になったのである。

なぜ、彼女はそれができたのだろう。それは、彼女が「低音は床を通じて下半身で、中音は胴体で、高音は頭部、特に顎骨で感じる」と語っているように、体全体で音を感じて演奏しているからなのだ。耳だけが「音を感じ取る入り口」ではないことを、彼女が証明しているのである。

オーラを変化させる法螺貝

このことは、私のこれまでの関わりからもいえることだ。以前、某超大手企業で、家電製品の開発の現場と関わることがあり、それらが発する振動の微《かす》かな音が、人間にどのように影響を与えるかを分析したことがある。その結果、私たちは体で、きわめて無意識的に、環境のあらゆる振動と呼吸している（影響を及ぼし合っている）ことがわかった。

私は、その「体」というものを、もっと広くとらえている。「オーラ」と呼ばれているエネルギーフィールドも人体の一部である。オーラは、いまでこそ、人のカリスマ性を示すような意味で、一般にも広く使われるようになった。しかし、本来は「引き寄せる力」「反撥《はんぱつ》する力」「調和する力」「元気に輝く力」の4つの力を総称するものなのだ。

霊的視力を持つサイキックは、実に細かく、オーラの色や形などを観察するが、そのような能力を本当に持っている人は多くいるわけではない。幸い、私は、その能力に恵まれている。オーラを見ていると、音楽に関しては、音と響きの性質において、色や形とともに、とても豊かに活性化するのがよくわかる。高い音は頭を、低い音はハラを活性化させることがハッキリと見てとれるのだ。

修験《しゅげん》の行者《ぎょうじゃ》がラッパのように山で吹く法螺貝《ほらがい》があるが、ある経営者はそれを持っており、時々、吹かれる。法螺貝を吹く場面に居合わせたことがあるのだが、法螺貝の音が響くと、その経営者を取り巻くオーラが、一時的に、赤、オレンジ、黄色と燃える炎のように発色していった。法螺貝の響きにオーラが反応し、変化していったのだ。このようなオーラ視の体験は数え切れない。

ここから感じるのだが、音は、人体を取り巻くオーラとも共鳴しているように思われる。特に、高い音は、その傾向が顕著だと感じられる。

高い音になればなるほど、音の振動は細かく精妙なものになっていく。人体を取り巻く目に見えないエネルギーも同様に、精妙な振動数を持っている。質が同じものは共鳴しやすい。このようなわけで高次倍音ほど、肉体を取り巻いているオーラのような目に見えないエネルギーに共鳴しやすいように思う。その共振が、霊魂全体にまで及び、霊魂を解放状態に向かわせるのであろう。

金属の響きが生み出す高次倍音の霊力

だから、シャーマンは、体に金属片をたくさんつけるのだ。北東アジアのシャーマンは、「鉄鐸《てったく》」という細長い鉄製の鈴を服に多数つけて、歌い踊りながら、ガチャガチャと鉄鐸の音を辺りに響かせ、変性意識状態に入っていく。

高次倍音を生む神社の鈴(上)と巫女鈴(下)

中国の東北地方、またロシアの沿海地方の7～8世紀頃の遺跡から、シャーマンの衣服につけられたとみられる小型の鉄鐸が多数出土している。

また、アムール川流域の10世紀頃の墳墓からも、環状の鉄製品に鉄鐸や鉄棒、鉄小板をさげた祭具が出土しており、これも、おそらくシャーマンが身につけて、金属の音を辺りに響かせて、儀式をおこなっていたものと推定されている。

このような金属の生み出す高次倍音の響きは、北東アジアのシャーマンたちにとっては、たいへん重要なものだったのだ。彼らは、この響きを通し、アチラ側へのゲートを開いていたのである。つまり、自身の魂をコチラ側から解き放ち、宇宙的な神々しい世界と一体化することで、啓示を得たり、ヒーリングパワーを宇宙から引き寄せたりするなど、さまざまな仕事をしていたのだ。

このような北東アジアのシャーマンの伝統を汲《く》んだ祭りが日本にある。青森のねぶた祭りである。ねぶた祭りで身につける衣装には、体中に鈴がびっしりと縫いつけられている。30～40個以上もの鈴を、太股《ふともも》や肩などの動きが出やすい所につけ、ジャンプを基調とした激しい動きをする。そのことで、たくさんの鈴が発する高い倍音の響きに包まれていく。

ねぶた祭りの不思議な恍惚感は、この響きの海がつくり出している。その恍惚感こそ、霊的エクスタシーと呼べるものである。ねぶた祭りだけではない。伝統的な祭りの中には、古代人の体験によって積み上げられ、神々しい世界に私たちをつなげる倍音のテクノロジーが多数残されている。

霊魂《たましい》の解放による特殊な意識状態を誘発させることを主眼とした祭りの場は、金属打楽器が生み出す豊穣な高次倍音の響きに満たされていることが多い。その響きの中で、人々は自身の魂を自由にし、神々しい世界に連結しようとする。神社で鈴を鳴らし、その後でお祈りをするという作法も、この響きの伝統が生んだものなのだ。

神社仏閣では、いまも巫女鈴《みこすず》など、金属系の楽器が大活躍だ。これらの楽器が廃《すた》れることはないであろう。それは、これらの楽器の放つ倍音が人間に与える霊力は、時代や場所を超越した普遍性を持っているからなのだ。

山登りに錫杖が使われた本当の理由

東北地方では、修験者《しゆげんじや》たちがもたらした祈禱色《きとうしょく》の強い芸能がいまも生きている。ここで多用されているのが「錫杖《しやくじょう》」だ。巫女鈴のように手に持って振ると、複数の金属の輪がぶつかり合って金属音を発するという楽器である。

青森県の東通村《ひがしどおりむら》には、修験者がもたらした芸能「能舞《のうまい》」があるが、それを見ると、古代の錫杖の使い方がよくわかる。

錫杖は「神々しい存在」のシンボルとして、魔除けや福寄せの祈禱芸能に多用されている。興味のある方は、動画サイトなどで、東通村に伝承される錫杖の使い方を確認されるとよい。おすすめは悪鬼退散《あつきたいさん》の様子を演じる『鐘巻《かねまき》』、魔除け・福寄せの祈禱芸能『権現舞《ごんげんまい》』だ。悪鬼は錫杖の音にひれ伏し、空間は錫杖の音で清められて福が招かれていく。

「修験者」は「山伏《やまぶし》」と呼ばれることもあるが、彼らは、明治元（1868）年の「神仏分離令」、明治5（1872）年の「修験禁止令」などの影響を受け、次々と姿を消していった。

しかし、青森県の場合は、修験者に対する圧力が比較的おだやかだったため、修験者がおこなっていた祈禱芸能が、およそ500年前（室町時代頃）に紀伊（和歌山県）の熊野から伝えられたオリジナルな姿のまま、温存されている。これを見ると、祈禱芸能を支えているのが、錫杖をはじめとする金属製の打楽器の発する「金属音（高次倍音）」であることがよくわかるのだ。

東通村で能舞を継承する古老が、次のような興味深いことを語っていた。

若い頃、私の舞が上手くなってきたということで、師匠が、いよいよ免許皆伝《めんきょかいでん》だと、能舞の極意《ごくい》を教えてくれました。それが「闇の夜に、中のカラスの声を聞け」でした。いわれたときは、意味がよくわからなかったのですが、だんだん「闇夜のカラス」とは、このことだと気づくようになりました。

自分を包み込む音に身をまかせ、衣装と面をつけて舞っているときは、夢のように、ただ動くだけです。そうすると、四方八方から、見たことのあるような、ないような顔が周囲に浮かんできて、それらが舞を誘導してくれるのです。それらは、みな喜んで、私を見ています。そのとき、ははあ、「闇夜のカラス」とは、このことだと気がついたのです。

たとえば、『鐘巻』をやっているでしょう。すると、舞っているうちに、物凄い霊気がくるわけです。押しつぶされそうになることもしばしばですよ。だから、強い動きで跳ね返そうとします。後で、「今日の舞は実にキビキビした良い動きだった」と褒《ほ》められたりもするのですが、良く見せようと思ってやっているわけではないのです。自分に「圧」をかけてくる何者かを必死になって跳ね返そうとしているだけなのです。この感覚は、舞手にしかわからないものかもしれませんね。

面には、一応、目の穴がついていますが、あれは明るいか暗いかがわかるだけで、周囲はほとんど見えず、実は、勘で動いているのです。視覚が奪われることで、他の感覚が研ぎ澄まされてくるのでしょうね。いろいろなものがやってくる感覚が出てきて、背筋がザワザワッとなっていきます。この感覚を、私たちの言葉では「じゃわめぐ」と言います。こうした感覚が出てくると、舞っている場に、さまざまな変化が出てきます。

霊魂（たましい）を解き放つ錫杖

先日も、私の舞が終わったのに、次の演者がなかなか出てこないので、呼びにいったら、座り込んだまま動けなくなっている。「どうしたのか」と声をかけると、「背筋がザワザワして、腰が抜けてしまったのか立てない」と言っていました。このようなことは、しょっちゅうです。

舞っていて「きたっ。じゃわめぐ」というときには、実にいろいろなことが起こります。見えない「なにか」が介入してくるのです。その見えないなにかが「闇夜のカラス」と師匠たちが表現してきたものなのですよ。それを招くには「カラスの声を聞く」必要があります。「耳を澄ませ」ということなのです。舞手を包み込む、この「音」にです。そうすることで「闇夜のカラス」があらわれてくるのです。

古老の語る「この音」、それこそ錫杖が放つ豊穣な「高次倍音」なのである。

錫杖は、お地蔵様が手にする楽器としても知られている。

山に登るときに、錫杖の金属音を響かせるのは、熊を寄せつけないためと説明されることがあるが、それよりも大きな目的がある。それは、神々しい世界へ霊魂《たましい》を解き放つことなのだ。

日本の多くの神社は､奥の院が必ずといっていいほど「山」に置かれている。寺院にしても、正式名称を調べてみると、○○山△△寺と表記されるところがほとんどだ。日本の仏教の根底にも、「山」からご利益をいただく、ご守護をいただく信仰があったということがわかるのだ。

世界に目を向けても、山を信仰する人類の思いは強く、紀元前5000年ほど前に、アジアやヨーロッパにかぎらず、世界中に、巨石を積み上げた人工造山が同時につくられている。エジプトの砂漠にあるピラミッドは代表的なものだ。エジプトの人々は、山の力に飢え、とんでもない労力と犠牲を払って砂漠にたくさんのピラミッドという「山」をつくったのだ。それは、山が偉大なる宇宙神につながる場所と考えられていたからだ。

1990年代にエジプトを旅したとき、ギザのピラミッドよりも古い時代のピラミッドを訪れた。そのとき、この小さなピラミッドの上部に巨大なピンク色の光の柱を見た。その光の柱を見て、山は確かに偉大な宇宙力とつながるコンセントであると感じたものだ。

山は、先祖の霊と、宇宙・太陽の意志、すなわち宇宙神が出会う場所でもある。そのような場所に、魂を解き放つ霊力を持つ高次倍音が求められるのは当然だ。だから、山を登りながら、かつての修験者は錫杖を打ち鳴らしたのだ。そうして、自分の本体を宇宙的なものとひとつにしようとしたのである。

高次倍音を発する楽器は古代からの叡智

錫杖の原型となる楽器が青森県内各地の平安時代の住居跡や墳墓から出ている。それは「錫杖状鉄製品」と呼ばれている。長さ20cmほどの鉄の棒に、板や棒あるいは筒状の鉄製の金具がぶらさがり、手に持って振ると金属音が発せられるという鉄製の楽器だ。当時の人々も、こうした金属打楽器の発する高次倍音で魂を解き放ち、大自然・宇宙との一体感を得ていたことがわかる。

こうした遺物が出土する津軽《つがる》藩のシンボルマークのひとつが興味深いことに錫杖なのだ。錫杖を家紋としていたのは津軽氏だけだという。津軽氏が念頭に置いていたのは、かつての青森県内で使われていた錫杖状鉄製品である。錫杖は、神々しい世界との一体化のシ

諏訪大社上社所蔵の鉄鐸(提供：諏訪市教育委員会)

津軽藩のシンボルマークのひとつである錫杖

ンボルである。それを掲《かか》げることで神仏の加護を得ようとしていたのであろう。

長野県諏訪《すわ》地方では、かつて、複数の鉄の筒をぶら下げた棒を手にした神使いが地域をまわり、豊穣な高い倍音を響かせながら神事をおこなっていた。豊穣な高次倍音の向こうに、やはり人々は、神を感じていたのだ。

豊穣な高次倍音が、神々しい世界との一体化を促進させる霊力、呪力を持っている。これは、古代人が見いだし、私たちに残してくれた倍音に関する響きの叡智といえるものだが、それが忘れられてしまった。というか、封印されているのが現代なのだ。

2万ヘルツから上の音はカットされ、音はヘッドホン、すなわち、鼓膜振動でキャッチするものという意識づけがなされている。これは、宇宙的な広大かつ神々しい世界への「架け橋」が破壊されてしまったのと同じだ。

そうした時代にリアルなコンサートやイベント、そして祭りならではの凄さ、素晴らしさは高次倍音にあるといえるだろう。私たちが、地球人から、ほんとうの意味での「宇宙人」となるためには、豊かな高次倍音を取り戻さなければならない。私はそのように強く思うのだ。

豊穣な倍音を取り戻そう

デジタルメディアがもたらす音楽の問題だけではなく、都市の波動的、音的な住環境も検討する必要がある。

私もそうであったが、田舎の自然味豊かな土地から東京に出てきた人が、まず体験するのは、都市の「音」である。問題なのは、その音の質である。

この点についても、大橋氏は検証を進めている。高い倍音が豊富な森林の真逆の音環境、すなわち、高次倍音が大きくカットされた場所は砂漠なのだという。霊的エクスタシーを与える高い倍音はストレスを減じる効果を持つ。その効果が少ない西アジア（中東）の砂漠で戦争が続いているのは、倍音と人間の心の関係を考えると納得できるものがある。

大橋氏の調査によると、都市部の響きの環境は、実は、砂漠と同じなのだという。砂漠と同じ響きの環境を持つ大都市のマンションの一室は、気密性の高まりによって、さらに豊穣な高い倍音が失われている。高層ビルのオフィスやマンションの一室で感じるなんともいえない息苦しさの原因は、ここにあるのだ。自然に響いているはずの高い倍音が、不自然に失われていることが影響している。

人間は、自然な高い倍音に接する機会を失うと、基幹脳を活性化させる要素を失い、心身のバランスを崩しやすい。また、感受性が著しく低下し、鈍感になってしまう。「空気が読めない」という人を私たちは笑うが、実は、そんな私たち自身、大自然から発せられるさまざまなシグナル（気配や音）の読めない人間になってしまっているのではないだろうか。

動物は自然界から発せられるシグナルに敏感だ。危険を察知すると、いち早く退避する。このような感受力を人間に与えてくれるのが、高次倍音だ。

高次倍音の豊富な森の中に暮らしていた縄文人は、野生動物と同様の鋭敏な感受モードを維持していた。縄文人の鋭い感受性は森が生み出していた。

現代人は、森という「豊穣な倍音の海」から離れることで、鋭敏な感受力を失いつつあるのではないだろうか。

しかし、豊かな倍音環境を取り戻せれば状況は変えられる。豊穣な高次倍音は、私たちの霊《たま》魂《しい》を解放に導き、神々しい世界と一体になる響きの「架け橋」を与えてくれる。

音の霊力・呪力を、古代人のように活用させれば、大自然、そして宇宙からのメッセージに敏感になれる。古代人の倍音に関する叡智を現代に蘇《よみがえ》らせる意味は、ここにあるといえるのだ。

4章

古代の叡智を活かして願望を実現する秘術

スピリチュアルな音や言葉の習慣が運命をひらく

音が霊力・呪力を宿す3つの条件

ヘビーメタル（heavy metal）というジャンルの音楽がある。世界中の人々を熱狂させている音楽だが、「響き」に着目すると、古代人が見つけ出した音の叡智がそのまま利用されていることに気がつく。

まずは、2章で取り上げたパルスである。ドラム、ベース、ギターなどの楽器はもとより、ヴォーカルまでが、激しく点滅するライトのような音の洪水を聴き手にぶつけてくる。そして、3章で触れたような、豊穣な倍音を伴った音質の多用である。ひずんだエレキギターの音、日本の伝統的な浄瑠璃《じょうるり》のような声での歌。さらに、聞かせどころには、1章で記した産声の音の家族（産声の音と最も調和して溶け合う音）を使ったりもする。こうした音楽の音響成分は、古代人が意識を変容させ、コチラ側から異界へのゲートを開けるために使っていた響きである。

確かに使われている楽器は進化を遂げているが、そこから出てくる音は、古代人が見つけ出した響きの叡智にのっとっているのだ。

演歌を聞くのは嫌いという人も、カラオケで歌ってみるとハマってしまう人は少なくない。それは、「切らないのに切る」という声を使ったパルス、すなわち「コブシ」を効かせた歌い方に陶酔感と生命活性の力を得てしまうからだ。古代人が密儀で使っていたメリスマは、いまもこうして人々を魅了しているのである。

これらは一例に過ぎない。ロック、ジャズ、ダンスミュージック、クラシック、演歌など、人々を魅了する音楽は、いずれも、本書に記した古代から連綿と続く「響きの叡智」が活用されている。ジャンルにとらわれず、どんな音をどのような方法で与えているのか。ここに注目すると、人々を魅了する音使いの法則は非常にシンプルなのだ。

音の高さでは産声の音、音の質では倍音の豊穣な響き、音の提示方法ではパルス。以上、3点に集約されていくのである。この3つのポイントをもとに音を発すると、その音には霊力・呪力が宿り、その音に触れる人の意識を大きく変えていくのである。

どんな言語を話そうと、どんな宗教的な信条や政治的な考え方を持っていようと、どの地域に住んでいようと、そして、どの時代に生きていようと、そんなことは無関係に、こうした音は、人々の意識を大きく変容させていく。古代人の見つけ出した音の叡智は、現代人にも有効なのだ。

現代を生きる私たちに、古代人の発見した響きの叡智は、どのような活用の方法があるのだろうか。

大きく3つの柱が考えられる。

第1は日常生活の能率を上げるために役立てる。第2に日常生活の質を上げるために活用する。そして、第3は、スピリチュアルな力を強めるために活用するというものだ。

以下、順にそのことについて詳説していくことにしよう。特にスピリチュアルな力を強めるための方法は、数々の秘法を開示することとした。参考にしていただきたい。

日常生活の能率を上げる

音の霊力を使って頭の働きを良くする

頭の回転が速くなることで、物事の処理スピードが上がる。また、勘が鋭くなることで、必要なことを、完璧なタイミングで対処できるようになるので、無駄なことに費やす時間がなくなり、日常生活の能率が上がっていく。

こうしたご利益《りやく》を与えるのが、豊穣な倍音を持った響きである。特に、CDでは切り捨てられてしまう2万ヘルツより上の高次倍音に体全体を浸すことで、頭の回転の速さや、鋭い直感力が得られる。

自然の音は、豊穣な倍音に満ちているので、**緑豊かな自然の中を散歩し、木々をわたる風の音、鳥の声、虫の鳴き声を体全体で浴びる**ようにするとよい。時間は朝が最適だ。朝に響きの栄養を得ることで、その日、一日の頭の回転を速められ、直感力が冴え渡るであろう。頭脳労働を求められたり、直感を高めることが求められたりする経営者などは、朝に響きの栄養を摂取することで、大きなご利益を得られるはずだ。

自然の音に触れることができない場合は、**日本の伝統である風鈴《ふうりん》など、金属製の打楽器を活用するとよい**であろう。風鈴には、火箸《ひばし》風鈴など、非常に高い倍音が出る精妙なものがいくつもある。頭の回転が鈍くなったとか、ここ一番、ひらめきがほしいというとき、こうしたものをそばに置いておくと役に立つだろう。経営者が三味線などの嗜《たしな》みをするのは珍しいことではなかった。あれも、三味線が発する豊穣な倍音を使って、直感力を得ようとしていたのだろうと思う。

もっと単純な方法もある。それはハミングだ。**口を閉じて、低い音で「ムー」あるいは「ンー」という音を発してみよう。**喉《のど》から、体全体にピリピリとした振動が伝わっていることと思う。この振動が内臓や骨全体を共鳴させ、非常に高い倍音を脳に送り届ける。

この件についての優れた研究を残したのが、フランスの医学博士アルフレッド・トマティス（1920～2001）である。骨格全体をハミングで共鳴させ、非常に高い倍音を全身に送り届けるカーブ（CAV）と呼ばれる彼の独特なハミング法については、彼の著書『モーツァルトを科学する』に詳しい。

耳から脳にエネルギーを送る

彼の研究で興味深いのは、脳が必要とするエネルギーの多くを耳が供給しているというものである。内耳にあるコルティ器官が「発電機」とでも呼べる働きをしており、空気振動や骨振動によって伝えられた音が発生させる神経エネルギーによって、脳が活性化していくというものだ。

コルティ器官には音の感知細胞が分布しているが、3000ヘルツ以上の高音域を感じる細胞は、それ以下の中・低音域を感じる細胞数の40倍以上もあるという。つまり、高い音ほど、脳にエネルギーを供給する働きが強いということなのだ。ハミングによる高い倍音は、脳にエネルギーを供給し、頭の働きを良くする作用があるという。確かに、私たちは考え込むとき、無意識のうちに「ンー」というハミングをしている。脳に高い倍音を送り込み、頭の回転を速くしたり、直感力を高めようとしたりしているのだろう。

記憶したいことがあったら、「ラップ」で覚えてみよう。リズミカルなビートに言葉をのせ、歌うのではなく、語る。これがラップで、1980年代から人気を博するようになった音楽スタイルである。

足などでビートをとりながら、あるいは、なにかの音楽に合わせ、ラップ調で声を出していくと頭に入りやすい。これはパルスの応用なのだ。このようなリズミカルな発声法が、頭に情報を焼きつけていく。

頭の回転を速める高い倍音と、このパルス発声を組み合わせていくと、効果は一段と高まる。たとえば、豊穣な高い倍音を浴びながらラップをおこなう、あるいは、記憶したい言葉や数字などの前や途中に、高い倍音を発生させるハミング音を混ぜていく……。このような工夫をしてみるとよいだろう。

日々の生活の質を上げる

心身の浄化やストレス解消に「ドンシャリ」を活用しよう

どれだけ健康で元気に幸せな生活を送っているかという「クオリティ・オブ・ライフ（QOL）」、すなわち「生活の質」が重視されるようになって久しい。音楽療法はここに貢献するものだが、心身の緊張をほぐしリラックスしたり、ストレス解消をしたりするのに役立つものとして、まず、ここでおすすめしたいのは、「ドンシャリ」だ。

ドンシャリという言葉を初めて聞く人は多いかもしれない。「ドン」とは低音成分、「シャリ」とは高音成分。この低域と高域の両極の音響成分を強め、パルス刺激にして、同時に与えていく。これが、「ドンシャリ」と呼ばれる響きなのだ。

頭脳労働者で緊張をほぐすためにヘビーメタルを聞いているという人は意外に多い。ヘビメタは、低音がドン・ドン・ドン……、高音がシャリ・シャリ……とパルスの刺激で飛び込んでくる典型的なドンシャリだ。

このドンシャリは、心身の緊張をほぐすのにたいへん有効なのだ。それは、ドンシャリの音が心身を効率的にマッサージしてくれるからだ。低域の音（ドン）は腹から腰のあたりに、高域の音（シャリ）は脳天に響く。座ったままの作業が続いてしんどくなっている腰や、疲れた頭を、ドンシャリの響きは癒やしてくれる。肉体だけではなく、音が人体の「下（腰）」と「上

(頭)」を同時に刺激することで、人体を取り囲むエネルギーフィールドが活性化していく。そのことで心がゆるむのだ。

「ドン」の低音が腹から腰に響くと、霊的中枢である丹田《たんでん》が刺激され、人体を取り巻くエネルギーフィールドが強化できる。そのことで、心身に活力がみなぎり、日常生活の「魔」を祓うことも可能になる。

「シャリ(高次倍音)」の音は、大橋力氏らの研究で脳の血流を増加させ、生活の質に関わる脳の各部を活性化させていくという報告(3章参照)がなされている。アンチエイジングにも役立ちそうだ。

お祭りや宗教儀礼の音楽も、低音を出す太鼓などの楽器と高い音を出す金属打楽器を多用するドンシャリであることが多い。

これは、意識を神々しい世界につなぎ、そこから霊的な栄養を響きにのせて引っ張ってくるなど、スピリチュアルな恩恵をもたらしてくれるからだ。人体を取り囲むエネルギーフィールドがドンシャリで活性化すると、神々しい世界に近づける。だからこそ、お祭りや宗教儀礼では欠かせないものになっているのだ。

スピリチュアルな観点からも、ドンシャリは、心身を清浄なものにし、生活の質を上げるのに貢献してくれる。ドンシャリを活用したお祭りや神楽《かぐら》などの音楽に触れる機会があったら、ぜひ、その音を浴びてみよう。青森のねぶた祭りや徳島の阿波踊《あわおどり》などは究極のドンシャリを発するおすすめのお祭りだ。現地に体感しに出かけるのもよいだろう。

ねぶた祭りや阿波踊の音を参考に、あなたの好きなジャンルの音楽の中に、似たようなドンシャリの曲を見つけていくとよい。ドンシャリに親しむことで、あなたの生活の質は上げられるであろう。

音の振動が人体を変える

人体の体重の約半分以上が水である。特に脳は重量の約80%が水で、「水の中に浮かんだ豆腐」と表現されるほど、水の割合が大きい。この水に大きな影響を与えるのが振動なのだ。

「船に揺られて運ばれた酒はうまい」との伝承がある。江戸時代、灘《なだ》や伏見《ふしみ》などから、富士山を横に見ながら船で江戸に運ばれた酒は、非常においしいとのことで「富士見酒」と呼ばれて珍重された。これは、船の揺れが水の「クラスター」(分子集団)を小さくすることによる。

まずいといわれる水やお酒のクラスターは大きく、一方、まろやかな熟成酒はいずれもクラスターが小さくなる。熟成させた酒と同様のクラスターを振動でつくることができるのである。だから、酒を揺らすとおいしくなるのだ。バーテンダーがシャカシャカとシェイカーを振ってカクテルをつくっているが、それは振動を与えることでお酒をおいしくしようとしているのである。ただし、このような強い振動は、一時的にお酒をおいしくするが、すぐにクラスターは元に戻ってしまうという。

元に戻らないようにするのに最も効果的なのは、２万ヘルツより上の超音波による微弱振動を与えることだ。それも、空気を介在させず、直接、酒瓶に振動装置を取りつけて超音波振動を与えると、どんなお酒もおいしくなり、しかも、効果が持続する時間は長くなる。この研究の第一人者が松下和弘《まつしたかずひろ》（１９４６～２０１５）氏で、これらの件については『遠赤外線とＮＭＲ法』に詳しい。

松下氏によると、お酒だけではなく、水は、微弱なエネルギーで動的構造を変え、超音波による直接振動は、こうした微弱なエネルギーの中で、最も良好な効果を発揮するという。

ここで注目されるのが水の人体生理学で、松下氏によると、クラスターの小さな水を摂取すると、血糖値や血圧の低下、アレルギー性疾患や老化による認知症の改善など、生理的条件が好転するという。

あえてクラスターの小さい水を摂取しなくても、人体のほとんどを占める水に超音波振動を直接与えることで、体内の水のクラスターを小さくすることができる。それが先述したハミングの活用なのだ。

口を閉じて「ンー」と発声してみよう。頰骨のあたりがビリビリと振動しているのを感じたり、胸のあたりに手を置くと、ビリビリという振動が感じられたりするはずだ。ハミングは骨格を振動させる。この骨振動が、非常に高い倍音を発生させることについては先述したとおりである。まさに、酒瓶に超音波発生装置を取りつけたような効果をハミングでつくり出すことができるのだ。骨が超音波の振動装置の役割を果たしているのである。古来、ハミングが重用されてきたというのは、ハミングによって、人体を構成している水のクラスターに変化を与え、そのことで、生活の質を上げようとしていたのかもしれない。

私たちは、このハミングの効果を無意識のうちに使っている。体調が悪いときなど、横になりながら「ンー」と自然にハミングをしていないだろうか。そうするとラクになるということを、なんとなく、私たちは知っているのだ。

声の呪力を高めるマントラの秘密

古代のマントラは、たとえば「アーンー」「オームー」、などといった感じで、「ム」や「ン」を引き伸ばすハミングの音を多用するものが多い。母音のア・オ・ウに、ム「m」やン「n」を組み合わせた「a・m」「a・n」「u・m」「o・m」のパターンが非常に多いのである。「ム」や「ン」はハミングの音であるが、このハミングが内臓や骨全体を共鳴させ、非常に高い倍音を脳に送り届ける効果があることについては先述したとおりだ。古代のマントラはこの効果を応用しているのである。

このようなマントラを唱えることで、ハミングだけの場合より、体の振動が生み出す高い倍音「シャリ」が豊富に得られるのである。そのことでクオリティ・オブ・ライフ（生活の質）が高められることを古代人は知っていたのである。

呪力を持つマントラの例

●「nam-myo-ho-ren-gekyo（南無妙法蓮華経）」
→「a・m」と「e・n」

●「na-mu-ami-da-bu-tu（南無阿弥陀仏）」
→「a・m」

●「ah-me-n（アーメン）」→「a（h）・m」

●「ra-ma（ラーマ）」
→「a・m」（ラーマは古代インドの神の名前で、神の名はマントラとして唱えられた）

●「han-nya-ha-ra-mi-ta（般若波羅蜜多）」
→「a・n」

●「o-mu（オーム）」
→「o・m」（インドの古い時代のマントラ）

●「si-a-mu（スィアーム）」
→「a・m」（古代ペルシャのマントラ）

●「so-fu-mu（ソフム）」
→「u・m」（古代ペルシャのマントラ）

いくつか、そのような有用なマントラの例を表にして挙げてみよう。

聖歌の持つ驚くべき力

聖歌には、このような有用なハミングの組み合わせがたくさん含まれている。その効果を示す話がある。1960年代初頭、フランスのベネディクト会の修道院で起こった聖歌にまつわる不思議な話である。

ベネディクト派の修道士は、ベネディクト会の標語「祈り、かつ、働け（ora et labora）」を実践するため、日々、過酷な肉体労働をしている。このような修道士が祈りにおいて欠かせないのが聖歌だった。

ところが、聖歌が廃止されることになったのだ。修道士は日々忙しい。聖歌に費やす時間は長いから、廃止すればゆとりが生まれると考えられたのだ。

しかし、日課の聖歌が廃止されると、修道士たちの体調が突然悪化し始めた。疲れやすく病気がちになって、聴力も落ちてきた修道士たちの姿を見かね、原因は栄養失調にあるのではないかと食事内容が改善された。だが、一向に効果は上がらなかった。

「いったい原因はどこにあるのだろう。ひょっとしたら聖歌の廃止にあるのでは？」ということで、聖歌を復活させてみた。すると、9か月以内に、ほとんどの修道士の体調が回復してしまったという。

彼らが歌う聖歌とは、グレゴリオ聖歌（グレゴリアン・チャント）に代表されるような、母音を引き伸ばした独特な唱法にある。日本の民謡のように、「アァァ……」「エェエ……」などと母音を引き伸ばし、上下に揺らすようにして歌うのが特徴となっている。つまり、メリスマというパルスである。

メリスマというパルス唱法が意識を宇宙につなぎ、宇宙力に包まれていくことについては、2章で詳説したとおりである。ベネディクト会の修道院で歌われていた聖歌はここにハミング効果も加味されたものだったのだ。それが彼らの心身のエネルギーの源になっていたことがわかったのである。聖歌が修道士のクオリティ・オブ・ライフを高めていたのだ。

だからといって、みなさんは必ずしも聖歌を歌う必要はない。**「a・m」「u・m」「o・m」の音を組み合わせたオリジナル聖句**（文章にならない、単語の羅列でもOK）をつくって、**民謡の要領で音を引き伸ばして**、メリスマというパルス効果を与えていけばよいのだ。そのことで、心身にパワーがみなぎってくるのを実感できるはずだ。

心をなごませる霊力・呪力を持った音

1章で触れたように産声の音（440ヘルツ付近の「ラ」の音）は人を癒やす力が強い音だ。癒やしが必要な場に産声の音は大活躍しそうだ。

産声の音をもとにつくられた音楽は最高のヒーリングミュージックである。そんな音楽を流すことでギスギスした人間関係の場の空気をなごませ、不安な気持ちの人が集まっている場では、その気持ちもやわらげられる。

やわらかな癒やしが必要な場では、産声の音を、「切らずに切る」という優しいパルスの手法（2章参照）で流していくと効果が上げられるだろう。

カウンセリングなど、癒やしを相手に与える場では、ハスキーな声も有効だ。ハスキーな声は、別に声をつぶさなくても、ひそひそ声の要領で誰でも出せる。癒やしが必要なとき、心の絆を深めたいときに、このようなハスキーな声は効果を発揮する。恋人たちが、ひそひそ声で会話をするのは、そうした心の絆を求めてのことである。

アメリカの心理学者は、ルイ・アームストロング（1901〜1971）のハスキーな声は、癒やしに有効ということで、心をなごませる必要のある人に聞かせることがある。ルイ・アームストロングの代表曲のひとつ『この素晴らしき世界（What A Wonderful World）』を耳にすると、その癒やしの効果を実感できるであろう。

3章に記したように、高次倍音が連なる響きに包まれていると、美しいものは、より美しく感じられるなど、人間の感覚が良い方向に鋭敏になっていく。つまり、感動を深める呪力を与えるのである。飲食店、結婚式場など、感動が必要な場を盛り上げる効果も、高い倍音は生む。高次倍音がカットされてしまう録音された音楽ではなく、ライブの音楽演奏や、高い倍音を生む、たとえば風鈴のような音のインテリアが、売り上げを伸ばしていく可能性がある。

スピリチュアルな力を高める

太陽の霊力を得るためには

産声の音、豊穣な倍音、パルスを活用していくことで、その人を取り巻くスピリチュアルなフィールド、そして霊的な因縁《いんねん》までもクリーンにしていくことができる。

古代の人々が積み上げられたピラミッドや自然の山を加工した半天然ピラミッドの頂点に立ち、神懸かるための梓弓《あずさゆみ》やハープなどをパルスの手法で鳴り響かせ、体を揺らしながら、みんなで「産声の音（440ヘルツ付近の音）」を発し、太陽とひとつになろうとした……。こうしたビジョンが私の頭から離れない。

1章で詳説したとおり、太陽に意識を共鳴させるために発せられる「産声の音」は、夏至の太陽を象徴する「ラ」の言葉で発声されてきた。古代エジプトでは、太陽は神格化され、その名は「ラー」と呼ばれていた。ここに、音霊《おとだま》的なシンクロニシティを感じるのは、私だけではないだろう。

実は、朝日の光で口の中を照らし、さらには、左右の親指と人さし指でつくった「三角形の窓」から（目を傷めないようごく短時間）朝日を眺めることによって、霊的なものを見る霊視能力が活性化されるのだ。この目的を持って、山上で、大きく口を開けて声を出し、音と太陽の光を通して、神の意志

指でつくる三角形

の中に身を置いた古代人が、数多くいたはずである。

現代においても、この方法は有効だ。**大きく口を開け、「産声の音（440ヘルツ付近の音）」を発声し、大地と太陽と自分自身の心をひとつにするイメージを持ってみよう。**

冬至と夏至のあたりの朝日を前に、この方法を試すと、非常に効果が高い。もし、週に1回のペースででもくり返すことができれば、あなたのスピリチュアルな能力は、メキメキと向上するだろう。特に、必要なものを引き寄せたり、願望を実現したりする念力はかなり強められるはずだ。

ドレミの呪文の「ラ」は目を閉じて発声しよう

ここで、太陽への強い思いから生まれた「ドレミの呪文（1章参照）」を使ってみるのも良い方法だ。**「ラ」が440ヘルツ付近の産声の音になるように調整しつつ、ド（ウト）、レ、ミ、ファ、ソ、ラと発声していこう。**

このとき、最後の「ラー」と音を伸ばし始めたら、ゆっくりと目を閉じ、目を閉じたまま、さらに「ラー」を発声し、適当なところで発声をやめるようにすると効果的だ。勢いよく「ラー」を発声してやめてもよいし、だんだん「ラ

太陽の中に描かれた顔

ー」の音量を落とし、消え入るようにやめてもよい。最初から目を閉じず、「ラー」の音を発し始めたときに目を閉じるのがコツといえる。「ドレミの呪文」をくり返すときは、再び、目を開けてスタートして、「ラー」で目を閉じる。これを反復していくとよい。

　私たちが見ている物質的太陽は、１章で触れたように、宇宙の根源にある霊的太陽と結びついている。219〜220ページの３つの図は、イギリスの思想家ロバート・フラッド（１５７４〜１６３７）によるものだが、太陽の中に描かれている「顔」は、物質的な太陽の背後に存在している「霊的太陽」の象徴なのである。子どもの描く太陽に、このような顔が添えられていることが多い。子どもは直感力に秀《ひい》でている。この直感力で、物質的な太陽の背後につながりを持

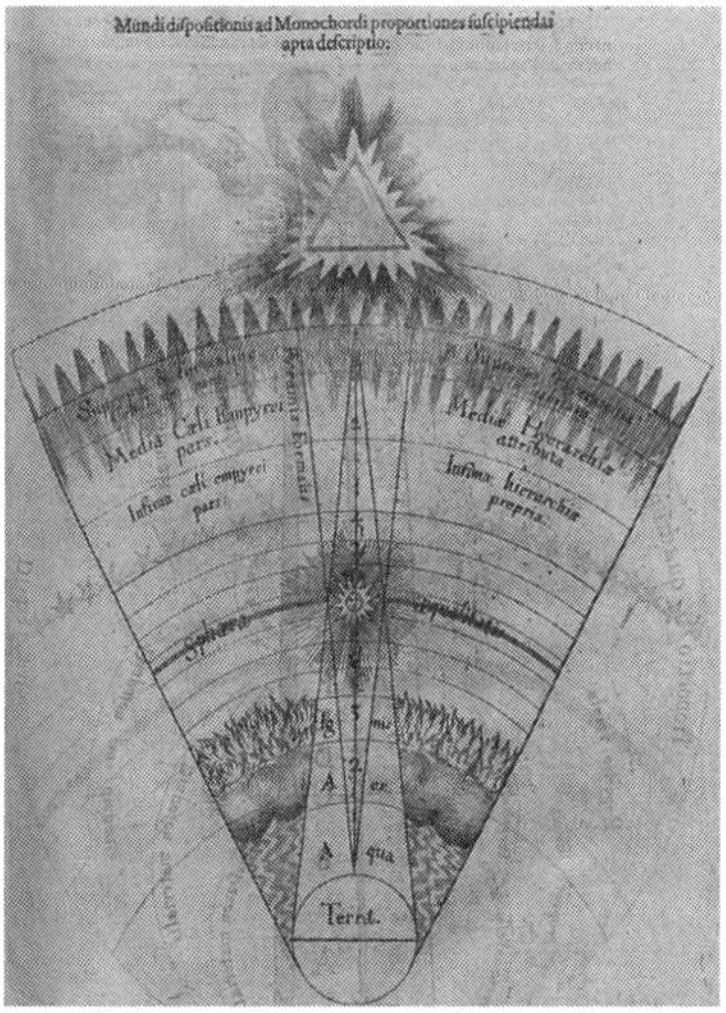

顔を持った太陽の上に置かれる
霊的太陽の三角形のシンボル

人体と霊的太陽のつながりを人体の上に
置かれた三角形のシンボルが表している

っている「霊的太陽」を感じているのだ。そして、それを物質的太陽の中にある「顔」というイメージで描いているのだ。

フラッドは、物質的太陽の背後にある霊的太陽をさらに明確にシンボルで表現している。霊的太陽は古くから「三角形」で表現されてきたが、フラッドは、顔を持った太陽の上に、光を放つ三角形を置いている。この三角形こそ、霊的太陽なのだ。そして、その霊的太陽に、私たちはつながっていくことができるということを、人体の上に霊的太陽の象徴である三角形を置くことで表現しているのだ。

この接続をスムーズに進めてくれるのが産声の音（440ヘルツ付近の「ラ」の音）なのだ。産声の音は、物質的太陽のみならず、その背後に存在している霊的太陽にまで意識をつないでくれる効果が高い。私たちは神々しい存在に祈りを捧げる（思いをつなぐ）とき、無意識のうちに目を閉じる。同じように、「ラ」を産声の音で発声しているときに目を閉じると、見えない神々しい霊的太陽に意識をつなげる効果が高まる。

こうして、あなたは、宇宙の根源にある霊的太陽とひとつになれ、そのことにより、神人《しんじん》・超人への道がひらかれていくはずだ。

強い呪力を持つ「日月の和音」とは何か

イギリスのヴァイオリン奏者ハーバート・ホーン（1925～2011）が、ドレミの階名に、次のようなイメージを投影させている。

ド（ウト）………創造のはじめ（ビッグバン）
レ……………月
ミ……………地球
ファ…………諸惑星
ソ……………物質的太陽
ラ……………宇宙の根源（霊的太陽）

彼のイメージで興味深いのは、私たちが目にする「物質的太陽」と、宇宙の根源的な部分にある「霊的太陽」を区別している点だ。

彼は、物質的太陽に「ソ」を当て、それより高い「ラ」を霊的太陽に当てている。これは、私たちが見ている太陽の背後に、さらに上位の霊的太陽があることを直感してのことなのだろう。彼は、ドレミの呪文が、宇宙の根源にある霊的な太陽を崇拝する「原始太陽信仰」が生み出したものだという、ドレミの呪文の真意を直感的につかんでいる。

もうひとつ興味深いのは、「レ」を月に対応させている点である。彼は霊的直感力に優れているように思う。「レ」の発音が持つ音霊《おとだま》は、確かに「月」へのつながりを与えてくれるからだ。

私たちが見ている太陽の背後にある「真の太陽」とでもいえる「霊的太陽」に当てた「ラ」と、月に当てられた「レ」のふたつを和音で響かせてみてほしい。非常に美しい響きが聞こえてくる。これは「日月の和音」とでもいえるものだ。どの楽器で試してみてもよいが、やはり、**「ラ」と「レ」の発音（音霊）で放たれる「人の声」が最高だ。**人声（ヒューマン・ヴォイス）が奏でる日月の和音は、その音に霊的太陽と月のバイブレーションがのってくるので、宇宙的な癒しに満ちた強力な呪力を放つ。

呪文のスタートは「ウト」が良い理由

さらに、彼が、ド（ウト）の音霊を「創造のスタート」に関係させている点も鋭い。「ウト」が発音しにくいということで、その後「ド」に置きかえられていった（1章参照）が、本来の呪文の第一音「ウト」という発音が持つ音霊は、物質化する（ビッグバン）以前の「宇宙的な広がり」に意識をつなぐ力が強い。まさに「創造のスタート」にふさわしい音霊を、「ウト」が持っているのだ。

だから、呪文の効果をさらに強めたいという人は、最初の発音は「ド」ではなく、「ウト」をおすすめする。「ウト」の発声は、呪文を発動させていくという「スタート」の呪力を強烈に放つので、霊的太陽に思いが届きやすくなる。

「ウト」で始める場合のコツは、**途中で息継ぎをせず、一気に「ウト、レ、ミ、ファ、ソ、ラ」**

と発声していくことだ。このとき、「ソ」に「物質的な太陽」、「ラ」には、背後にある霊的太陽をイメージするようにすると効果的だ。「ラ」は産声の音になるように調整し、「ラ」の発声のときは目を閉じてみよう。

目を閉じるだけで、思いは「見えない聖なる存在」に自然につながるので、霊的太陽をうまくイメージできない場合は、無理にイメージせず、ただ目を閉じるだけで大丈夫だ。

「ソ」と「ラ」だけ、このように太陽を感じるようにすれば、他の「ウト、レ、ミ、ファ」には、特定のイメージを重ねなくてもよい。「ソ」に物質的な太陽のイメージが重ねられているので、実際の太陽を前に呪文を発声できない場面で、この方法は役立つだろう。もちろん、朝日を前におこなえたら理想的だ。

実際の太陽を前にしておこなう場合は、「ウト、レ、ミ、ファ」と発声しながら、だんだん太陽に近づき、「ソ」で太陽に到達し、目を閉じながら「ラ」の発声で太陽の中に潜り込んでいくようなイメージを持ってみよう。

あるいは、最初はダランと両手をおろし、「ウト、レ、ミ、ファ」と発声しながら、バンザイの感じで両手を太陽に向かって上げ、「ソ」の発声のときに、両手が太陽に触れているイメージを持ち、目を閉じながら「ラ」の発声で太陽と一体になっているイメージでもよい。「ソ」の発声のとき、額《ひたい》と手のひらの中央にある労宮《ろうきゅう》というツボを太陽に向け、そのままの姿勢で「ラ」の発声に入ると効果が高い。

イメージだけでもよし、体を使ってもよし、自由にあなたに合ったスタイルを見つけていくとよいだろう。

太陽を前にしてもしなくても、これを6回くり返すと、霊的太陽との結びつきが強められる。実に簡単な方法で、宇宙の根源とつながっていけるのだ。

音でつくるブラックホール、ホワイトホール的効果

神社でのお祈りの前に、パン、パンと柏手《かしわで》を打つが、あの高い倍音のパルス音が、心身と、その場を浄化していく。古代人の叡智《えいち》は、まだ祈りの現場では廃《すた》れることなく活用されているのだ。このようなパルスの利用について、重要な古代の叡智を、ここに開示することにしよう。

2019年に世界の8つの望遠鏡が連携し、地球から約5億km離れた場所にあるブラックホールが初めて撮影された。ブラックホールは、あらゆるものを吸い込み、光すら外に出ることができない特殊な場である。このような吸い込み口があるなら、吹き出し口があると考えられ、それは、ホワイトホールと呼ばれている。

実は、音の力によって、空間をブラックホール、あるいはホワイトホールにすることができるのだ。

もちろん、実際のブラックホール、ホワイトホールをつくり出すというのではなく、音によって影響を受けた意識が、ある種のエネルギーに対し、ブラックホール的な吸い込みの場をつ

くり出す。また、その逆のホワイトホール的な吹き出しの場を生み出すのだ。意識にそのようなスイッチを入れるのがパルスなのである。

音を出すタイミングを調整していくことで、音の鳴り響く場をブラックホール、あるいは、ホワイトホールのようなエネルギーの流れにすることができるのだ。

心臓の拍動が生むパルスの神秘

実は、この仕組みが私たちの心臓に組み込まれている。私たちの心臓は拍動《はくどう》を続けているが、健康な状態のときほど、時計の秒針のような正確なタイミングにはならず、ジャストなタイミングより、前のめりになったり、遅れたりといった「ゆらぎ」を見せている。ところが、脳死状態に陥《おちい》ると、ゆらぎが非常に小さくなり、時計の秒針のような正確な拍動になっていくのだ。

胎児の心拍も同様で、母親が妊娠中毒になって重症になると、胎児の心拍のゆらぎが小さくなり、母子ともに健康を取り戻すにつれ、胎児の心拍のゆらぎが大きくなる。ゆらぎ現象の研究の第一人者、武者利光《むしゃとしみつ》（１９３３〜２０２１）氏が『ゆらぎの発想』などの著書で、このことを詳しく記している。

ドクン、ドクンという拍動を続ける心臓は、パルス音の発生器である。死の間際《まぎわ》になると、心臓は時計の秒針のような正確なタイミングのパルス音を発生させる。これは、神の恩寵《おんちょう》だと思う。

痛みに苦しんでいても、死の直前に脳内麻薬が分泌され、死を迎える体は、非常に心地よい状態になるといわれている。安らかに死に至り、アチラ側に旅立てるように仕組まれているのだ。それを心臓から発せられるパルス音がバックアップしているのである。正確なタイミングのパルス音はブラックホール効果を生むからだ。死が近づいてくると、心臓は規則正しい拍動となり、アチラ側にスムーズに霊魂《たましい》が吸い込まれていく状態を整えるのである。

木魚はブラックホールの発生装置

この規則正しいパルス音が生み出すブラックホール効果は、私も見たことがある。ある時、葬式に行き、棺《ひつぎ》を見ると、スライムのように粘りついているなにかが見えた。どうやら、それは、成仏《じょうぶつ》できず、現世にしがみついている霊魂、あるいは、「この世への未練」といった「情念」のように思われた。その後、葬儀が始まり、僧侶が木魚《もくぎょ》をポクポクと時計の秒針のような正確なビートで打ち出すと、そのネバネバしたものが、スーッとどこかに吸い込まれるようにして消えていくのを何度も見たことがある。

木魚が発する規則正しいパルス音がブラックホール効果を与え、霊魂を強制的にアチラ側に吸い込ませていったのだろう。

心臓の鼓動のブラックホール効果が十分でなかった霊魂をアチラ側に吸い込ませるための装置が、木魚だともいえる。

アチラ側に吸い込ませるのは、死者の霊魂や思いだけではない。コチラ側に生きている親族・友人たちの思いもアチラ側に吸い込ませ、悲しみをやわらげる目的もあって、定期的に法要をおこない、木魚がポクポクと叩かれる。古代人はこのパルス効果を知っていたのだろう。その古代人の音に関する叡智が葬儀や法要の中にいまも応用されているのだ。

なぜ火打ち石は邪気を祓うのか

祓《はら》いの音には、ブラックホール効果を生むパルスが頻繁に使われる。たとえば、火打ち石である。邪気を祓ったり、除霊をおこなったりするときなど、火打ち石がカチカチと打ち鳴らされる。このとき、音とともに火花も上がるが、より重視されているのは音のほうなのだ。日蓮宗の祈禱から、それがうかがえるのである。

日蓮宗の祈禱では、最初、火打ち石で数回カチカチと音を出した後、「木剣数珠《ぼっけんじゅず》」と呼ばれる、カスタネットに似たものに持ちかえ、カチカチ……と、火打ち石のような音を発し続ける。

もちろん、木剣数珠から火花は出ない。出るのは、火打ち石とよく似たカチカチという音である。高速で打ち鳴らされる規則的なカチカチというビートが、強いブラックホール効果を生み出す。そのことで、コチラ側からアチラ側へ、魔を吸い出そうとしているのである。

木魚もまたパルスを発する

そういった火打ち石の効能を伊勢神宮の周辺では「ここ一番の勝負の前にカチカチ、危険な目に遭《あ》わないようにカチカチ」という言葉で表現している。伊勢神宮周辺で売られている火打ち石は有名だが、「ここ一番の勝負の前に火花ピカピカ、危険な目に遭わないように火花ピカピカ」ではないのだ。音の生み出すブラックホール効果を強調しているのである。

火打ち石は、豊穣な高次倍音のパルスを放つので作用は強力。ほんの数回、カチカチとやっただけで十分な効果をもたらす。

打楽器を高速で打ち鳴らし、空間を強力なブラックホール状態にして、清浄な場にするという作法は、伝統芸能ではよく見られる光景である。このことで、塩をまくように、空間を清めていくことができるのだ。

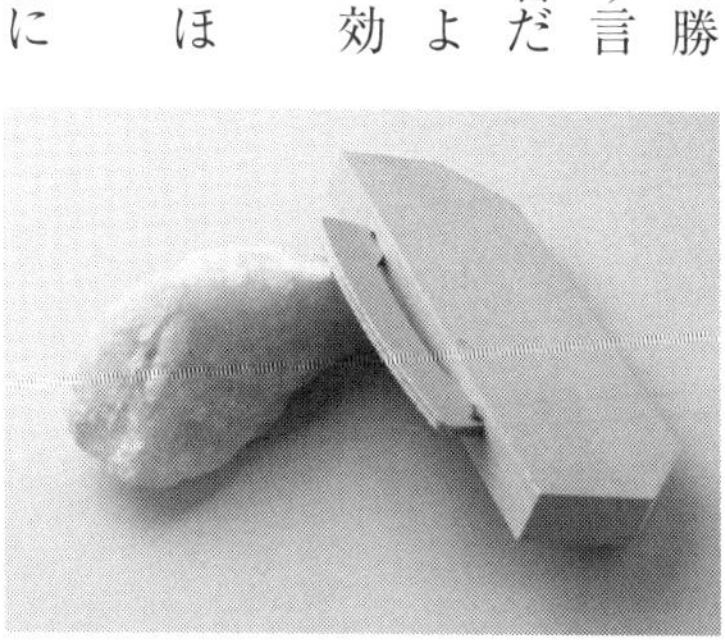

火打ち石のパルスは強力

ブラックホールとホワイトホールの効果のメカニズム

催眠術もこのパルスのブラックホール効果を活用している。時計の秒針が発する音を使う場合もあるが、規則的に揺れ動く振り子を凝視させる場合もある。いずれも、規則正しいパルス刺激を与えているわけだ。そのことで、意識がどこかにスーッと吸い込まれ、気が遠のく。抑《よく》揚《よう》がなく、ポツリ、ポツリと話す学校の先生の授業を聞いて眠たくなったという人もいるであろう。パルスのブラックホール効果を体感していたというわけなのだ。

時計のような規則正しいビートからはずれ、ゆらぎが出てくると、今度はホワイトホール効果が生じる。つまり、あちら側から吹き出す何かを受け取ることができるというわけなのだ。それすなわち「生命力」である。心拍にゆらぎが戻ることで、神々しい世界から生命力を受け取り、健康を取り戻していくのであろう。武者氏の報告は、そのように思われる。

対極的なテクノポップとフリージャズの効果

これは、あなたも音楽で体感することができる。時計のようなジャストなタイミングでドラムを叩くことは人間にはできない。どうしても微妙なゆらぎが出てきてしまう。ところが、コンピュータの演奏する音楽が1970年代後半に生まれ、ゆらぎがない正確なパルスが音楽表現の中に組み込まれることになった。クラフトワークやイエロー・マジック・オーケストラ(YMO)に代表されるテクノポップがそれである。

クラフトワークに代表される音楽は、「無機質《むきしつ》な音楽」と形容されることが多い。生命のない岩石や鉱物が「無機質」と表現されるが、そうした「クールな印象」を与える。これは、木魚と同じで、ブラックホール効果が働き、アチラ側に吸い込まれていくためにそうした印象を受けるのだ。

こうしたテクノポップの対極に位置するのがフリージャズである。オーネット・コールマン

（１９３０～２０１５）の音楽が代表的なもので、音が洪水のように無秩序に流れ出している。聞いていると、カーッと気持ちが熱くなっていく。ホワイトホール効果が働き、アチラ側から吹き出す何かを感じるからなのだ。ぜひ、動画サイトなどで確認してみてほしい。

フリージャズは１９６０年代に一世を風靡《ふうび》した。この頃、日本では学園紛争の真っただ中で、大学で激しい運動を繰り広げ、疲れた学生がジャズ喫茶に入り、大音量で流れるフリージャズの音を浴び、エネルギーを補給しては、また、大学での激しい運動に戻った……という人は少なくない。

もし、彼らが、テクノポップを聴いていたら、闘争心を吸い取られ、おとなしくなってしまっていたのではないかと思う。

ラップが生み出すブラックホール効果とは

先述したラップは、ブラックホール効果を特に多用する。

ここで注目したいのは、ラップの歌詞の内容だ。怒り、憎しみ、苦しみといったネガティブなものが圧倒的に多い。こうしたものを心の中から吐き出し、スッキリしたい。この衝動がラップ音楽を生み出したといっても過言ではない。そのために、テクノポップで使われている時計のようなパルスが使われたのだ。

ラップでは、機械が生み出す正確なビート（リズムマシン）が使われることがほとんどだ。

それは、心の中から吐き出したネガティブなものを吸い取ってくれる「強力なブラックホール効果」が求められたからだ。

これをもし、人間が生み出すゆらぎのあるビートでやったらどうなるだろう。ホワイトホール効果をもたらし、吐き出したネガティブなものが自分に戻ってきてしまう。これは、嘔吐《おうと》したものを自分でかぶるようなものだ。

だから、機械が生み出すビートが好まれたのである。このように、パルスのブラックホール効果を無意識のうちに、ラップでは活用しているのだ。

ブラックホールとホワイトホールを連結した音楽とは

では、パルスが生み出すブラックホールとホワイトホールの連結が起こると、音楽にどんな作用が生まれるのだろう。

意識があちらに吸い込まれ、そして、戻ってくることで、常に精神エネルギーを淀《よど》みのない、新鮮な状態に保つことができ、そのことから生じる恍惚感と陶酔感に浸ることができる。

この音の仕組みに気づいたのがジョルジオ・モロダー（１９４０～）であった。彼は、ドナ・サマー（１９４８～２０１２）と組んで、次々に、ブラックホールとホワイトホールを融合させた音楽をつくり出していったのだ。その斬新なサウンドに世界が衝撃を受けることになり、大ヒットになった。代表曲が『I FEEL LOVE』だ。

クラフトワーク的なコンピュータが刻む正確なタイミングのビートの上に、ドナ・サマーがビートを無視して自由に浮遊するように歌う。ビートがブラックホールをつくり、声がホワイトホールを生んでいる。ブラックホールとホワイトホールが宇宙では連結しているのだが、そのようなリアルな宇宙の姿がここに表現されている。『I FEEL LOVE』は1977年の作品だが、いま聞いても新鮮だ。ブラックホールとホワイトホールの連結という「宇宙の姿」を音的に表現した普遍性が古さを感じさせないのだろう。

私も、このブラックホールとホワイトホールを連結したサウンドの実験をしたことがある。私の事務所の近くの吉祥寺のライブハウスを借り切って、深夜0時スタート、明け方の5時まで踊り明かそうという実験をしてみたのだ。

参加者の平均年齢は40代を超えていた。しかも、ふだん、こういったダンスパーティーには無縁な方も多く、休憩時間をたっぷり取らないと厳しいのではと心配した。

しかし、それは杞憂《きゆう》に終わった。ほとんど休憩時間を取らなかったのに、音にのって、最後までみんなが踊り明かしたのである。終了後、みんなの顔が晴れ晴れとしていたのが印象的であった。全編、この実験のためにつくったオリジナル曲で、ブラックホールとホワイトホールを連結しただけでなく、産声の音を基調に、豊穣な倍音の海を加え、空間を大音量で満たした。

耳で聴くのではなく、体全体、オーラ全体で、こうした響きを吸収することの醍醐味《だいごみ》を、私も心の底から実感したライブであった。

ウォーキングで音の霊力を最大限に得る方法

このブラックホールとホワイトホールの連結を体感する、もっと簡便な方法があるのでご紹介しよう。意外かもしれないが、それは「ウォーキング」なのである。

まずは、歩調を一定にしてみよう。急いだり、立ち止まったりということをせず、あなたの楽なスピードで、**時計の秒針のような一定のスピードで歩みを進め、その足取りに意識を向けてみよう。**このことでブラックホール効果が生じ、心の中のネガティブな感情などが、アチラ側に吸い込まれ、しだいにスッキリしてくるはずだ。

次に、ホワイトホール効果を生むには、**自然の豊かな場所を選んでウォーキングすることである。**ちょっとした公園でもよい。風で揺れる樹々の音、虫や鳥の鳴き声、水辺があったら、そういった音も味わってみよう。歩調のテンポを無視して、自由にあなたを包み込んでいく、こういった音が、ホワイトホール効果を生む。自然界の音は非常に高い倍音に満ちてもいる。ネガティブなものがなくなったあなたの心身に、自然からのポジティブなエネルギーが注ぎ込まれていくであろう。

あなたの体に注ぎ込んだエネルギーはあなたの心身の中で淀むことなく、ブラックホール効果を与える歩調で吸い取られ、そして、また、新鮮なエネルギーが注ぎ込まれる……といった具合に、大自然、もっと大きな宇宙のエネルギーを循環させるワザが、ウォーキングなのである。

ヘッドホンで音楽を聴きながらウォーキングし、自然の音に耳を傾けていなかったり、小走りになったり、立ち止まったりと、歩調が一定でなかったりと、ウォーキングをしていても、ブラックホールとホワイトホールの連結を味わっていない人が少なくないように見受けられる。このようなコツでウォーキングするだけで宇宙と一体になれるのに、もったいないことだ。

作曲家のベートーベン（1770〜1827）や20世紀を代表する指揮者であったヘルベルト・フォン・カラヤン（1908〜1989）など、森の中の散歩を日課にしていた偉大なクリエイターは多い。彼らは、ウォーキングを通して、宇宙との一体化を果たし、霊感（インスピレーション）を得ていたのだろう。森から得られる豊穣な倍音によって、生命力を高める効果も得られる（3章参照）ので、みなさんもぜひ試していただきたい。

拍手と手拍子に込められる霊力

実は、ブラックホール、ホワイトホール効果を無意識のうちに、みなさんも発動している。たとえば、良い演奏をしてくれた人に感謝の気持ちを送りたいとき、拍手《はくしゅ》をする。多くの人が無秩序に拍手をするから、ホワイトホール効果が生じ、その拍手に包まれた演奏者にエネルギーが送られることとなる。

さて、演奏が終わって、控室に戻った演奏者を、ステージに引き戻すとき、先ほどの拍手は、いつの間にか、時計のような規則的なビートのパン、パン、パン、パン……という手拍子《てびょうし》になっていることが多い。そのことで、ブラックホール効果をつくり、演奏者をステージに引き寄せようとしているのだ。

私たちは、このようなパルスの効果を、心のどこかで知っており、無意識のうちに活用しているのだ。私たちの心臓に、そのようなプログラムが仕組まれているのだから、当然といえば当然の話である。

ちなみに、邪馬台国《やまたいこく》の女王「卑弥呼《ひみこ》」の記述があることで知られている魏志倭人伝《ぎしわじんでん》（『三国志』「魏書」第30巻烏丸鮮卑東夷伝倭人条）に興味深い文面がある。3世紀頃の日本では「手を打つことで、相手に敬意を表している」というのである。

大人《たいじん》の敬《けい》する所を見れば、但々《ただ》、手を摶《う》ち、以《もっ》て、跪拝《きはい》に当つ

見大人所敬　但摶手以當跪拝

どのように手を打っていたのかの具体的な記述がないため、神社で私たちが手を打つようなしぐさ「柏手《かしわで》」と同じものであろうといわれることが多い。

しかし、九州大学大学院芸術工学研究院教授の矢向正人《やこうまさと》氏によると、「摶《ばく》」は感情を込め、力を入れて荒々しく打つことを意味する言葉であるという。また、相手に敬意を示すのなら、相手に気づいてもらわなければならない。それには、柏手のような数回の手打ちでは不十分であり、ある程度の時間、打ち続ける必要がある。

これらの点を鑑《かんが》みると、ここに記されている「手を打つしぐさ」は、現代の私たちが賓客《ひんきゃく》を拍手《はくしゅ》でお迎えするものに近いとみられる。

大切な人を出迎えるとき、私たちは、無意識のうちに拍手で出迎えている。ホワイトホールの「エネルギー場」を相手に向けることで、相手を豊かなエネルギーで包み込み、おもてなしをしようとしているわけだ。魏志倭人伝の記述は、このことが、「3世紀頃の日本の風習として、すでにあった」という記録の可能性が高い。古代の日本人はホワイトホール効果を知り、活用していたとみられるのだ。

チベット仏教音楽の放つ霊力の秘密

チベットの仏教音楽は、ホワイトホールとブラックホール効果をたいへん効果的に活用している。

まず、各種打楽器や笛のような楽器がフリージャズの様相でワーッと鳴らされる。こうして、ホワイトホール効果をつくって、まず、アチラ側からの神々しいエネルギーを浴び、心身を清める所作がおこなわれる。

その後、時計のような規則的なビートが太鼓で生み出され、気持ちをスーッとアチラ側に吸い込ませていく。そして、また、最初のようなホワイトホール効果がつくられ、吸い込まれていた意識をコチラ側に戻す。こうしたことがくり返されていく。

パルスのタイミングをコントロールすることで、息を吸い込み、吐き出すように、意識をコチラからアチラへ、そして、アチラからコチラへと往復させているのだ。このことで、意識は、アチラ側とコチラ側のふたつの世界の間でバランスを上手に取れるようになる。意識がアチラ側に入り過ぎても、また、コチラ側の世俗にまみれ過ぎてもよくない。そのことを古代人は知っており、意識のバランスを取るために、パルスの効果を儀礼に組み込んでいるのである。

意識のバランスがうまく取れるようになると、スピリチュアルな力を高められるだけでなく、自在にその力をコントロールできるようになるからだ。

落ち着きを得るにはブラックホール効果で

気持ちを落ち着かせたいときには、ブラックホール効果を使ってみよう。これを私たちは無意識のうちに活用している。

たとえば、寝つけない赤ちゃんを眠らせたいとき、落ち着かせたいときには、**背中をポンポンと時計のような規則性を持って叩く**。あるいは、イライラしたときなど、無意識のうちに、足を規則的に小刻みに動かしている人もいる。いわゆる、貧乏ゆすりだ。いずれの場合も、ブラックホール効果を与える刺激が、乱れた気持ちを吸い取り、落ち着かせることを私たちは心のどこかで知っており、無意識のうちに、この効果を活用しているのである。

深い瞑想に入りたいときには、**膝《ひざ》をポン、ポン……とタッピングしてみる**など、ブラックホール効果をパルス音でつくってみるとよい。もちろん、コンピュータが発するような時計のような正確さを人間は出せないが、逆にそのことで、マイルドなブラックホール効果が生じ、場に極端なゆがみを与えることのない、ほどよい吸い込み感が得られる。

心の中にネガティブなものが溜《た》まっていると感じたら、ラップ音楽の要領で、ブラックホール効果を持つ音の中でその思いを声に出して吐き出してみるとよい。思いはその場に残らず、アチラ側にスーッと吸い込まれ、さっぱりした気持ちになれるだろう。別に、ドラムマシンを使わなくてもよい。膝を叩いたり、手を打ったり、足で規則的なビートをつくったりしながら、体を揺らして思いを吐き出していくと効果的だ。

気持ちを晴れ晴れさせたかったらホワイトホール効果

逆に、アチラ側からのエネルギーを引き出したいときには、規則的な律動からはずれた、揺らぎのあるパルス音を使うとよい。神々しいエネルギーを浴びたいときには、**自分に向かって拍手する**のも有効だ。**両膝を両手で無秩序に叩いたりする**のもよい。ホワイトホール効果が生じ、アチラ側からエネルギーが吹き出し、それを浴びて、気持ちが晴れ晴れしてくるはずだ。

本物の叡智とは、このように簡単に使えるものだ。この古代人の音の叡智を意識的に使うことで、スピリチュアルな世界を自在に行き来できるようになるだろう。

コチラ側から神々しい世界へとつながるゲートを開けることができれば、宇宙的なレベルの巨大な力を味方につけることができる。思いを通す力も強くなり、インスピレーション、予知力、そして神々しい世界からのメッセージも得て、あなたの人生はより豊かになっていく。

いまをより良く生きるための霊力、そして呪力を、音を使って、みなさんも手にしていこう。

そのために、古代人の音に関するスペシャルな叡智である、ブラックホールとホワイトホールの秘法を、ここに開示した。

発する言葉に呪力を宿す方法

世界にはマントラ・祝詞《のりと》・各種聖句がいろいろある。どんなに有効なマントラや祝詞などを発しても、その言葉に命を与える「調子（言い方）」が伴っていないと、呪力を持った「言霊《ことだま》」にはならない。

その調子こそ、音の揺らしにある。音を揺らすことで、発せられる言葉に呪力が宿っていくのである。古代人、特に古い時代の日本人は、このことを熟知していた。それをよく示しているのが、東大寺盧舎那仏像《とうだいじるしゃなぶつぞう》（奈良の大仏）が修理されたとき（８６１年の大仏修理落成供養）に歌われた『大比礼歌《おびれうた》』である。歌詞は以下のものだ。

大比礼《おおびれ》や
大比礼《おびれ》の山
速《は》や　寄りてこそ

儀式の流れから、5～7分ぐらいで歌われたと推定されている。しかし、歌詞は、20秒もあれば言い終えるような短いものだ。

この歌詞を反復して歌ったのではと考える人がいるかもしれないが、それは違う。日本の伝統音楽では反復を下品なものとして嫌うからだ。「序破急《じょはきゅう》」という言葉がこれを示している。反復ではなく、絵巻物のように、ある流れが自然に展開して終わるという序破急の形式を、日本では重視してきた。

何度もくり返して歌わないとすると、どうやって歌うのか。これは音を引き伸ばして歌うしかない。現在も残される「東遊び《あずま》」などを聞くと、この「引き伸ばして歌うスタイル」を耳にすることができる。

しかし、なぜ、引き伸ばして歌うのだろう。それは、引き伸ばした声のほうが揺らしやすく、パルスの力で言霊《ことだま》を宿しやすいからだ。2章で詳説したように、民謡はこの流れを汲《く》んでいる。

民謡の特徴は、音を極端に長く引き伸ばし、そして、大きく音を揺らす。音を揺らすことで

「ただの歌」が「神歌《かみうた》」になっていくのだ。世界中のシャーマンの呪歌《まじないうた》を聞くと、このような「揺れる音」といった特徴を持っている。

シャーマンのことを「バクシ」と呼ぶ地域が北東アジアにある。バクシとは「歌う人」という意味だ。つまり、シャーマンとは「歌うように言葉を引き伸ばしながら音を揺らして、言葉に呪力を込め、その呪文や聖句などを使って、大自然を動かし、宇宙と意思疎通《そつう》のできる人」と言い換えることもできよう。

平安時代の『古今《こきん》和歌集』の冒頭に「天地《あめつち》や鬼神《おにがみ》の心を動かすのは歌である」という内容が記されている（巻末資料9）。

ここにある「歌」とは、まさにバクシと呼ばれたシャーマンたちの歌、つまり、長く引き伸ばされ、揺らされることによって、呪力が込められた「歌」なのだ。音を引き伸ばして揺らすという、日本古来の発声スタイルは、和歌の読み上げや朗詠《ろうえい》などに、いまも残されている。

ここにあるのが、切らないのに切るというパルスの秘法、古代の音の重要な作法なのだ。この作法を知って、初めてマントラや祝詞などは、大きな力を発揮する。この件については2章で詳説しているので、この古代の秘法が必要な人はくり返し読んで、ぜひ、自分のものとしてほしい。

和歌を詠んで幸福を呼び込む方法

和歌を詠むことで、霊を祓ったり、空間をコントロールしたりすることができたと伝えられている人物が加藤千蔭《かとうちかげ》（1735～1808）である。橘千蔭《たちばなちかげ》と名乗ることもある。

彼は、江戸時代の歌人だが、彼がそれをなし得たのは、声に呪力を宿す方法（言霊の術）に精通していたからだ。彼のまわりには、賀茂真淵《かものまぶち》（1697～1769）や本居宣長《もとおりのりなが》（1730～1801）をはじめとする『万葉集』の研究者がそろっていた。

本居宣長は、当時、すでに意味不明に陥っていた『古事記』を解読し、『古事記伝』を著したことで知られる人物だが、その作業の際、万葉集の研究から始めたほうが良いとの助言を、賀茂真淵から受けている。本居宣長もまた、万葉集の研究者だったのである。

古代の日本では、人の口から発せられた言葉（音になった言葉）が、現実の事柄となってあらわれたり、現実生活を左右したりすると考えられていた。このような不思議な力が宿った言葉を、古代の人々は「言霊」と呼んでいた。

『古事記』では、託宣《たくせん》をつかさどる神「コトシロヌシ」を「言代主」あるいは「事代主」と記している。このように、古代の日本語では、口から発せられる「言《こと》」と、具体的な事物をさす「事《こと》」とは明確に区別されていなかった。

これは、言霊の力によって、具体的な事物を引き寄せたり、創出したりできる。つまり「言」イコール「事」だという古代人の考え方が影響している。それだけ、古代の人々は「音になった言葉」すなわち「言霊」の力を、生活の中で、巧みに利用していたということがわかるのだ。

『万葉集』には「言霊」を詠み込んだ歌が3首ある。ひとつは、山上憶良《やまのうえのおくら》（660頃～733頃）の長歌《ちょうか》の冒頭部分に「言霊」の表現が見られる。

神代《かみよ》より　言ひ伝《つ》て来《く》らく　そらみつ　大和《やまと》の国は
皇神《すめかみ》の　厳《いつく》しき国　言霊《ことだま》の　幸《さき》はふ国と
語り継ぎ　言ひ継がひけり

（口語訳）わが国は、神代の昔から神が威厳をもって守る国であり、言葉に宿る不思議な力、すなわち、言霊が、幸福をもたらす国であると語り継ぎ、言い継いできました。

ここに「言霊の力によって、幸せをもたらすことができる」とあり、それは人々の共通した認識であったと詠まれている。

もうひとつは、柿本人麻呂《かきのもとのひとまろ》（660頃～724頃）の反歌《はんか》の中に見られる。反歌とは、長歌の後に添えられる、長歌の内容を補足する短歌のことである。長歌と反歌は一対になっているので、以下、ともに紹介しよう。

葦原《あしはら》の　瑞穂《みずほ》の国は　神《かむ》ながら　言挙《ことあ》げせぬ国
しかれども　言挙げぞ我《あ》がする　言幸《ことさき》く　ま幸《さき》くませと
つつみなく　幸くいまさば　荒磯《ありそ》波《なみ》　ありても見むと
百重《ももえ》波《なみ》　千重《ちえ》波《なみ》しきに　言挙げす我《あれ》は　言挙げす我は

磯城島《しきしま》の　大和の国は　言霊の　助くる国ぞ　ま幸《さき》くありこそ

（口語訳）わが国は、神のご意志のままにして、いちいち願い事を言葉に出さないものだが、私は、あえて言葉に出しましょう。どうかご無事でいてくださいと。そして、またお逢いしましょうと、磯に寄せる波のように、何度も、何度も、私は、言葉に出しましょう。

わが国では、言霊がものごとを良い方向に動かし、幸せを与えてくれます。だから、私は、あえて言葉に出すのです。どうか、ご無事でいてほしい、と。

『万葉集』には、さらに一首、「言霊」を詠み込んだ歌がある。

言霊の　八十《やそ》の衢《ちまた》に　夕占《ゆうけ》問《と》ふ　占正《うらまさ》に告《の》る　妹相寄《いもあいよ》らむ

（口語訳）日没前は言霊の力が高まる時刻。そんな夕暮れ時に、たくさんの人が集まる場所に出て、道行く人の言葉から占いをしてみると、あの子が私に寄ると、はっきりと占いにあらわれた。

言霊の力を発動しやすいと考えられていた夕刻に、神への問いかけを、神に通じるような呪力を持った言霊で発したところ、神からの確かな返答があった。この歌は、言霊の使い手になって、神意を問うと、神の言葉（お告げ）が、たまたま、そばを通りかかった人が発する言葉で与えられるという、「辻《つじ》占い」の内容が記されている。

奈良時代の人々は呪力が言葉に宿ることを信じ、言霊の力を実生活で利用していたことが、これらの歌からわかるのだ。

当時は、文字文化が徐々に浸透しつつある時代であり、中心にあったのは耳から耳への口伝えによって「語り継ぐ」スタイルだったから、言葉に呪力を与える発音方法はしっかりと受け継がれていた。ところが、文字を使って、目から目へと「記《しる》し継ぐ」スタイルになるにつれて、言葉に呪力を宿す「音使いの秘法」がほとんど忘れられてしまったのである。

この秘法を加藤千蔭は、賀茂真淵らから伝授されたとみられる。この秘法の大きな柱になっていたのが、「音を揺らす」ことで、声に呪力を宿す術なのである。

日本人の音感に落とされた爆弾

私は仕事柄、日本国内のいろいろな場面で祝詞やマントラなどを耳にする機会が多いのだが、以前に比べ、発せられる声にのる呪力が、弱くなってきているような印象を受ける。

いったいそれはなぜなのだろう。日本の伝統音楽の90％以上が声を伴った音楽で、器楽だけの音楽はごくわずかだ。日本人は「歌の民族」であり、神歌になじみ深い文化と伝統を持ってきたはずなのに異変が生じているのだ。なにか巨大な「爆弾」が、歌の民族「日本人」に投下されたに違いない。その「爆弾」とはなんなのか。

それは、明治時代に日本の教育現場に導入された西洋式の音楽教育なのだ。西洋式の音楽教育による歌い方は、「出だしの音の高さとタイミングをぴったり合わせよう」というものだ。しかも、一度発音したら、持続させたときに音をはずしてはいけない。つまり、音を大きく揺らしてはいけない。さらに、地声は厳禁、透明な音質で歌うことが強制されていく。これは、日本の古式の歌い方と真逆の発想であり、日本人の音感に合わない極めて不自然なものだ。

日本の古い時代の歌い方は、歌い出しの音の高さも、音を発するタイミングも任意（適当）だ。そしてザラついた地声で朗々と音を大きく揺らして歌う。こうした自由度の高い歌い方を大切なものとしてきたのだ。

日本の古い伝統を遺伝子の中に強く受け継いでいる人は、日本古来の歌い方に自然になってしまうが、そうした人たちは「音痴」といわれ、バカにされる。日本人の多くが自分を音痴だと思っているのは、ここに起因する。つまり、西洋式の歌い方になじめない自分がいる。そんな自分を音痴だと思い込んでいるというわけなのだ。

そうした自称「音痴」の人も、カラオケで、学校教育で強要される西洋式の発声を離れ、数千年続いた日本の伝統的な音感に従い、伝統的な歌い方に身をまかせて演歌などを、実に気持ち良さそうに歌っている。

コマンドルスキー諸島（アリューシャン列島の西端）で、アレウト語を話す人たちの中に、ロシア人が入ったことで、ほぼ100年で、動詞の活用が、ロシア語化したという。しかし、古くから歌われている民謡には、まったく変化がなかった。「響き」といった感性の領域に属するものは、言語や食事文化よりも基層《きそう》にあるため、他の文化要素に比べ、このように変化しにくいのである。

西洋式の発声法が取り入れられるようになったのは明治以後である。まだ、歴史的には浅い。日本人の体の中に刻まれている音感は、それくらいの短期間では変質しない。自分を「音痴」だと思っている人は、日本の伝統的な音感を強く保持している人なのである。音痴ではない。西洋式の歌い方に合っていないだけなのだ。

なぜ日本と西洋では歌い方が違うのか

西洋式の歌い方と日本古式《こしき》の歌い方、どちらが良い、悪いではない。両者は目的が違うのだ。

西洋式の歌い方は、美しいハーモニーという「音の美」の追究にある。しかし、日本の場合は、その目的が『古今和歌集』に記されているように「天地（大自然・宇宙）や鬼神（目に見えない存在）の心を動かす言霊を生み出す」ことにある。つまり、音に呪力を与えることが眼目となってきたのだ。この目的から生まれたのが、先に述べた自由度の高い歌い方である。

このような歌い方をすると、当然のことながら、合唱はできない。ひとりで歌うというスタイルになる。だから、日本の伝統音楽の90％近くを占める声楽はひとりで歌うというスタイルをとっているのである。

ひとりで歌うわけだから、和声が発達することがなかった。こんな日本の音楽を幼稚だという人もいるが、深めている方向性が違うのである。西洋音楽がめざした「音のなめらかさ・音の重なりの美しさ（和声学・対位法など）」を捨て、音に呪力を与える「魂振《たまふ》り」の方向を深めたのが日本の声楽なのだ。

“音痴な笛”が日本で生まれた理由

こうした価値観は、竜笛《りゅうてき》と能管《のうかん》という笛にも投影されている。竜笛は中国からわたってきたそのままの笛だ。音階がしっかりと表現でき、安定した音で旋律を演奏することができる。

ところが、能管は、竜笛を壊して、中に竹の棒を差し込み、わざわざ、音階を狂わせた笛につくり変えられたものである。世界でこんなことをしているのは日本人ぐらいのものだ。そのような笛に改造する理由は、豊穣な高い倍音が得られ、音を激しく揺らした「魂振り」の音楽を演奏しやすいからだ。一本一本、能管は微妙に音階が狂っているため、たくさんの能管を用いた合奏はできない。だから、能管は一本だけで、後はハーモニーを持たない打楽器という編成になっている。

能管は能で使われる笛だ。3章で詳説したように、能の主人公は霊体である。だから、仮面をつけ、この世の者ではないことを示している。能のテーマは「この世」と「あの世」の交流なのだ。そのために、「この世」と「あの世」を連結する音の霊力が求められたのである。ここから生まれたのが能管なのだ。

日本人が失っていった音楽の呪法

このような音の霊力・呪力を優先するという価値観が、明治に導入された音楽教育によって破壊されていくことになったのである。

豊穣な倍音を持ったザラついた歌い方（ダミ声）はダメで、透明な音で歌うことが良く、また、音の揺れが悪（音痴）という価値観が植えつけられ、神職までが、西洋的な、透明で、まっすぐな揺れのない音で祝詞などを唱えるようになってきた。

宗教家の出口《でぐち》王仁三郎《おにさぶろう》の祝詞の録音が残っている。それを聞くと、祝詞などは、かつては、豊穣な倍音を持ったザラついた歌い方で、激しく揺らすスタイルでおこなわれてきたことがわかる。これに比較すると、現在は一本調子の棒読みだ。豊穣な倍音を持ったダミ声や、音の揺れは下品なもの、みっともないもの、恥ずかしいものという意識がどこかにあるのだろう。

日本古式の音楽の美学では、こうした一本調子、棒読みは最も忌避《きひ》してきたものだ。なぜなら、こうした音揺れのない発声法では「天地や鬼神の心を動かす言霊」とはならないからだ。この最も重要なことが忘れられているのだ。

これでは、どんなにありがたいマントラ、祝詞、聖句などを発しても、呪力を持ったものにはならない。神歌の民族であった日本人が、そのことを忘れているのだ。

日本の伝統的な歌い方はこうである。ある音を発するとき、まず目的音より少し低めの音を発し、そこから徐々にずり上げて目的音に達するという方法をとる。目的音に達すると、今度は音を微妙に上下に揺り動かすという、いわゆるコブシをきかせて、地声で朗々と歌い上げる。さらに、歌のリズムは伸縮自在でグラグラ。このような歌い方が、日本人にとっての伝統的な歌唱法なのだ。これが気持ち良いのである。

このような歌い方で、ひとりで歌う。日本人にとって歌とは、一対一で目の前に対峙《たいじ》している宇宙（大自然）と自分を一体化させるための極めてプライベートな道具なのである。古い時代ほど、この点が前面に出てくる。自分を含めた人間のために歌うというより、大自然、宇宙に、歌を放つという意識が強いのである。

声明《しょうみょう》が集団で歌われる場合も、歌っている本人は、合唱しているという意識は、あまりない。

あくまでも、自分と宇宙が、歌を通して一対一で向かい合っているという意識でおこなわれる。だから、音の高さも、フレーズもそろわず、各自バラバラに進行していくのである。そのことで、3章に詳説した倍音声明という特殊効果が生まれることになったのだ。

日本人は和の民族であり、自分を殺して、他人に合わせる文化を持った農耕民族といわれ、個人主義の西洋文化と対比されることがあるが、こと、音楽においては真逆なのだ。音楽においては、日本は妥協のない、徹底的な個人主義なのである。多の中の一部として個を埋没させているのは、西洋文化の音楽のほうであるというのが興味深い。

日本人の歌に対する価値観を取り戻し、ひとりで好きなように、ザラついたダミ声でも、音を大きくはずしてもかまわないから、自由奔放に、大いに音を揺らして歌ってみよう。そのことで、宇宙につながる不思議な感覚が得られるであろう。

母音が持つそれぞれの呪力

このようなスタイルで発せられれば、どのような言葉にも、呪力を宿すことができる。力を込めやすい音は、やはり、朗々と引き伸ばして歌える音である。それは母音だ。ア・イ・ウ・エ・オの好きな母音を選んで、民謡の要領で、アァァ…とか、オォォ……とやるだけで、自分自身の心と体を含めた場を変えていくことができる。

ここで、日本語の母音の効果を以下に記しておこう。

「ア」は、外側に向かってバラバラに崩壊していこうとする力に拮抗《きっこう》し、抱きかかえ、まとめようとする母性原理を示す響きとして、また、物質化・現象化といった子どもを生み出す女性原理を意味するもの、ここに直結する響きとして、古代人は活用してきた。50音の最初に「ア」を置くのも、物質化・現象化といった女性原理に直結する「はじまりの響き」といったイメージが起因している。

アマは「女（アマ）」であり、「尼・海女」など、「ア」の母音が耳につく言葉は、女性・母性原理に関わるものが多い。「ア」はそうした作用を強めやすい母音なのだ。

「イ」の母音は、パワーやエネルギーそのものに関わる言霊である。「イ」は、高い倍音を最も多く含む母音であるという点も関係している。命（イノチ）・息吹（イブキ）・意気（イキ）など、生命活力に関わる音に「イ」が使われるのも、「イ」の母音の性質が関わっている。

「ウ」の母音は、パワーを保持する必要があるときに用いられた母音である。力を集中させたり、エネルギーを込めたり、なにかを固めたりしていくことに関わる言霊として活用されてきた。確かに、私たちはなにかを考えるときに、「ウーン」と何げなく声を出していないだろうか。この響きで思念を集中させようとしているのだ。

「エ」の母音の言霊的な意味は、「エ」のカタカナ文字にすでにあらわれている。上の「一」は天、下の「一」は地である。これらふたつをつなぐ縦の棒の「1」は「天《あま》の御柱《みはしら》」なのだ。

「エ」の母音は、このように、天と地が結ばれること（陰陽和合）、異なる要素をつなぐことに関わる響きとして活用されてきた。「縁・園・宴（エン）」も、ここに関係している。人前で話をするとき、自分と他者をつなげようとしてのことなのだろう。話し始める前に、「エー、ご紹介にあずかりました……」といった感じで、「エ」の言霊を、私たちは、無意識のうちに発している。心のどこかで、私たちは、言霊が放つ「呪力」のことを知っているのだろう。
「ア」は、女性原理に直結する響きのエネルギーを持つ。その逆の男性原理に直結する響きは「オ」の母音である。「オー」という雄叫《おたけ》びは、文字どおりの「雄（オ）」、つまり「男（男性原理）」のパワーをのせるのに最も適した母音から生まれたものだ。男性原理は、外に発散していく「陽の作用」の象徴でもある。したがってなにかが動き出すとき、行動を開始することを意味する母音の響きとしても活用されてきた。仏教系のマントラが「オン（手紙でいうところの拝啓にあたる）」で開始されるのも、こうした母音の特性に由来するものなのだ。

　力強さの象徴でもある「オ」は、場の浄化にも使われてきた。塩をまき、場を清めるように、古代人は「響き」をまき、空間を浄化していたのだ。それが、「オー」という長く引き伸ばされた声を発する「警蹕《けいひつ》」である。天皇などの貴人が外出するとき、魔に触れないように、お付きの者たちが「オー」という声を次々に発して場が清められていった。

　このような母音を組み合わせたマントラが日本にはいくつもある。たとえば、「イーエッ、エーイッ」と母音を発する「鳥船《とりふね》」である。何度もくり返すことで、心身が強化されると伝えられている。

どれかの母音を単独でも、あるいは、組み合わせてもよい。これを、日本人が大切にしてきた音感で発声すると、母音に呪力が宿る。

母音の特性を参考に、必要な場面で、必要な母音を発声してみるとよいだろう。スピリチュアルな力を発動できるはずだ。

願いをかなえるための「3つのステップ」

願いをかなえるために必要なのは、次の3つのステップだ。これらのステップを順に進んでいくと、願いはスムーズに現実化していく。

【ステップ1】宇宙を動かしているパワーと一体化する
【ステップ2】未来完了形で願望を投じる
【ステップ3】願望を投じたら、忘れてしまう

宇宙を動かしているパワーが、あなたの願いをかなえてくれる。それは、神や仏、精霊といった、さまざまな名前で呼ばれてきた神々しいパワーである。ここに、まずは、あなたの意識をつながなければならない。これが、願望実現に必要な「ステップ1」である。

宇宙を動かしている神々しいパワーに意識がつながったら、「すでに願いがかなって喜びに

満ちているイメージ」を先取りしてみよう。「どうか願いがかないますように」といった、これから願いをかなえていくイメージは、願望実現力が鈍《にぶ》るので避けよう。「願いがかなわないと困る」といった悲壮感《ひそうかん》を漂《ただよ》わせないことも大事だ。悲壮感を込めると願望実現の可能性が低くなるからだ。

大切なのは「すでに願いがかなった。なんて嬉しいのだろう」といった、喜びに満ちた「未来完了形」のイメージなのだ。このイメージの中で遊ぶようにするとよい。できるだけ、目で見た光景だけではなく、音や匂《にお》い、味や触感といった五感のイメージをフルに使った、リアルな情景を思いえがいてみよう。リアルなイメージをつくればつくるほど、現実化が早まる。これが「ステップ2」である。

「ステップ2」のさらなるポイントは「結果のイメージ」だけを先取りすることだ。こうなって、ああなって……という途中過程は考えなくても、神々しいパワーが、最善・最適なルートを決めてくれる。だから、想像もしていなかったような奇跡的な展開が起こったりもするのだ。どのような経過をたどって、あなたの望む「結果」がもたらされるかは、全知全能の神々しいパワーにおまかせしよう。

古代人は、この「ステップ2」のことを「予祝《よしゅく》」と呼んでいた。たとえば、年明け早々、村人たちは、雪の積もった田畑に行き「今年は豊作だ。なんて嬉しいのだろう」という豊作の収穫をイメージしたお祭りを楽しくおこなっていたりしたのである。そのことで願いがかなうことを知っていたのだ。

年が明けると、私たちは「おめでとうございます」という言葉を贈り合うが、これも予祝だ。「あなたは、今年の豊かさと幸せを、すでに手にしてしまいました。おめでとうございます」と、相手の幸せを祈る古代の予祝の名残《なごり》なのだ。古代人は願望を達成に導く「予祝」のメカニズムを知っていたのである。あなたも、古代人にならい、「予祝（未来完了形）」のイメージを、喜びの感情を込め、神々しいパワーに投じてみよう。難しくはない。意識が神々しいパワーにつながっていれば、あなたがイメージしたことは、自動的に、ここに投じられていく。

さて、いよいよ最後の「ステップ3」である。実は、これが、とても大事なのだ。「ステップ3」では、願《がん》をかけていたことを忘れなければならない。「いつになったら、願望が実現するのか」「なぜ、願いがかなわないのかな」など、いつまでも、願望を意識の表層に置いておくと、不思議なことに、願いは、かないにくくなってしまう。なかなか願いがかなわないという人は「ステップ3」をおこなっていない場合が多い。予祝をおこなったら、願いをかなえたいという思いを、サッと手放すことが肝要なのだ。とはいうものの、私たちは、なかなか強い願いを忘れ去ることができない。だから、古代人は「直会《なおらい》」をしたのだ。

直会とは、儀式が終わってから、みんなでお酒を飲んだり、ごちそうを食べたりして楽しく過ごすことだ。そのことで、強制的に、気持ちを切り替え、儀式のことを忘れようとしていたのである。いまも、結婚式をはじめとして、厳粛《げんしゅく》な儀式の後に、みんなで楽しく飲んだり食べたりする習慣が残っている。これは古代の直会の名残なのだ。

古代ゆかりの儀式には、なぜか直会がセットになっていることが多い。それは、願望を投じる儀式が終わったら、このことを忘れ去らなければならない。そうしないと、願いがかないにくくなる。そのことを、古代人が知っていたからなのだ。

願いをかなえていくためには、この3つのステップを順に正しく踏んでいくことが大切だ。そうすると、「奇跡」と呼ぶような展開も起こり、急速に、あなたの願いは現実化に向かって動き出す。このことに、あなたは驚くはずだ。

ゲートを開き、「向こう側」にいくために

願望実現の3つのステップの中で、いちばん難しいのは、どうしたら神々しいパワーに意識をつないで、ひとつになれるかという「ステップ1」だ。

古代人は、「ステップ1」に至《いた》るための方法をいくつか見つけ出している。これは、山頂に向かうルートが複数あるのと似ている。

そのひとつに、断食《だんじき》のような苦行《くぎょう》をおこない、心身に猛烈な負荷をかけ、生死の境をさまようことで、コチラとアチラの境界を希薄《きはく》にし、宇宙を動かしているパワーと一体化していくという方法がある。これは、危険な急斜面を登って山頂を目指すようなものだ。

もうひとつは、何十年も修行を積み、ある種の「悟りの境地」に達することで、神々しいパ

ワーとの一体感を得るというものだ。これは、なだらかなコースではあるが、山頂まで、先の長い旅となる。途中、道に迷って山頂にたどりつけなかったり、たどりつく前に寿命が尽きてしまったりということもあり得る。また、この方法だと、すぐにかなえたい願望に対応できないという問題もある。

できれば、心身に大きな負荷をかけず、瞬時に、宇宙を動かしているパワーに意識をつなげていきたいものである。この思いは、古代人も同じだった。そして、この思いから、古代の人々は、ついに「究極の方法」を見つけ出したのである。それが、「音」の利用なのだ。

「音」を使うことで、まるで巨大な鳥の背に乗り、なんの苦労もなく、山頂に楽々と運ばれていくようにして、意識は、神々しいパワーとひとつになっていける。古代人は、「音」を使うことで、宇宙を動かしている神々しいパワーに至る「ゲート」を開けられることに気がついたのだ。

この「音」の秘密については、本書に記したとおりである。しかし、この「音」に触れるだけでは、聖なるパワーと「真の意味」での一体感を得ることができないのだ。

たとえば、美しい絵があったとしよう。その絵のことをなにも知らなければ、「美しい絵だな」で終わってしまう。しかし、その絵を描いた作家のことをよく知り、描かれた時代背景を理解し、その絵がどんな技法で、どのような画材を使って描かれているのかといった、さまざまなことがわかってくると、その絵があなたに訴えかけてくるものは、より大きく、深みを帯びてくる。

　これと同じで、私たちを「神々しいパワー」につないでくれる「音」の秘密を知らずに、ただその「音」に触れているだけでは、開いた「ゲート」のそばにいるだけ、あるいは、ちょっぴり「ゲート」から向こうに足を踏み入れただけということになりやすい。それでも、開いた「ゲート」から吹き出ている神々しいパワーは絶大なものがあるから、恍惚感に包まれる、心身に癒やしが与えられる、自然治癒力を高められる、仕事の能率が上がる、直感力が高まるといった恩恵を、本章で詳説したとおり、十分に受け取ることができる。

　しかし、もっとアクティブに、あなたの願いをかなえていこうと思ったら、「ゲート」の向こう側に踏み込んでいかなければならない。それには、私たちを導く「音の仕組み」を知らなければならない。本書は、この目的のためにある。

　本書に記されている内容を知ることは、願望実現において、たいへん重要な意義を持つ。本書の内容を知ることで、「ただの音」が、あなたを導く「意味を持った音」となって、あなたに迫ってくるからだ。

　たとえば、風鈴の音が耳に入り、その音に惹《ひ》かれるあなたがいたとしよう。本書に記された内容を知らなければ、この音との深い関わりを持たずに「あぁ、いい音だ」で終わってしまう。

　しかし、本書の内容に触れたあなたは、風鈴の音に惹かれたとき、これは、豊穣な倍音を放っており、チリリ、チリリーンと不規則に響くホワイトホール効果を持ったパルスサウンドだという「音の仕組み」に気がつく。このように「音の仕組み」がわかるということは、「音」に対して意識的になれるということだ。自分を「ゲート」の向こう側に連れていってくれる「音」だとわかるから、より深く、その「音」に耳を傾けていけるようになる。そのことで、「ゲート」の向こう側に深く入り込み、宇宙を動かすパワーにしっかりと意識をつないでいくことができるのだ。

「ゲート」を開く「音」に気づけると、いままで聞き流していた、ちょっとした風鈴の音でさえ、宇宙を動かす神々しいパワーにあなたをつなげてくれる「意味のある音」にしていくことができる。

人間が惹かれる音は、「産声の音の家族」を含む響きであったり、ぶつ切りになった音のパルス、あるいは、切らないのに切れているというメリスマのパルスであったり、豊穣な倍音の特質を持っているなど、本書に記したような「音の秘密」が、どこかに隠れている。

アーティストが好きだからという理由ではなく、音楽そのものにあなたが惹かれているようだったら、本書の内容をもとに、理由を探ってみよう。本書にあるような「音」の秘密が、きっと見つかるはずだ。

その「音」の秘密に気づいたら、あなたが親しんでいた音楽は、あなたを「ゲート」の向こう側に導く神秘力を秘めた「重要な音楽」になっていく。

いままで、なんとなく耳にしていた風鈴のような音、あるいはなにげなく聞いていた音楽の中に、「ゲート」を開く「音」の秘密を見つけたら、その部分を味わいながら、響きに身をまかせてみよう。そうすると、その「音」が、あなたの意識を、宇宙を動かしている神々しいパワーにつないでくれる。これで「ステップ1」は、すみやかに完了となる。ここには、心身に負荷を与える苦行も、長期にわたる修行もまったく必要ないのだ。古代人が見いだした「音」の効果は、絶大なものがある。

神々しいパワーと一体になると、不思議な歓喜の感情に包まれていく。この不思議な充実感、満足感を、ぜひ、みなさんも感じてみよう。そのことで、スムーズに、喜びに満ちた未来完了形の「ステップ2」に入っていける。こうして、歓喜の感情に包まれながら、あなたの願いを先取り（予祝）してみよう。あなたが思いえがいたイメージは、宇宙を動かしている神々しいパワーに、どんどん流れ込んでいき、あなたの願望は現実化の準備を進めていく。

そして、いよいよ仕上げである。「ステップ3」も「音」を使うことで上手におこなうことができる。音が消える、あるいは音を放っているものから離れるにつれ、あなたの意識は、自動的にコチラに戻ってきて、スーッと、願《がん》をかけていた意識状態から解除されていく。意識を「ゲート」の向こうに運んでいた音がなくなると、自然に、直会の効果が生じるのである。音がなくなったら、そのまま願をかけていたことは忘れてしまおう。「もう、願いは投じた。あとは、神様におまかせ」といった感覚が大切だ。

音を使うことで、スムーズに、3つのステップを順に正しく踏み、あなたの願望実現の「儀式」が楽しくおこなえる。

「音」に対して受け身でいるのではなく、「ゲート」を開けて、宇宙を動かしているパワーに意識をつなぐ「音」を、あなた自身が発するのもよい。声を使ってもよし、音を発するなにかを使ってもよい。この「ヒント」は、本章に詳しく記した。

このような「儀式」をおこなっては忘れ、またおこなっては忘れるようにしてみよう。朝起きたらやる、寝る前にやるなど、あなたの日課の中に組み込んでみるのもよい。あなたの願いはひとつだけではないはずだ。この楽しい「儀式」を習慣化させ、どんどん、あなたの願いを、予祝の方法で神々しいパワーに流し込んでみよう。

そうすると、どうなるか……。それを、ぜひ、体験してみよう。

あなたの人生は、「音」の力で、どんどん、あなたの望む方向に変わっていき、あなたの人生は満たされ、あなたは、もっと、もっと幸せに輝いていくことができるはずだ。本書は、そのためにある。あなたの幸せのために。

おわりに

「ミュージック」の語源、女神・ムーサの物語

古代人が蓄積してきた音の叡智は、彼ら自身の生活の中から見つけ出したものだけではない。音の霊力・呪力を使って宇宙の根源につながり、神仏や精霊と呼ぶべき存在からの啓示で得た情報も追加されている。そして、数千年もの長い時間をかけて精査され、ほんとうに有用なもの、簡単に使え効果が高いものだけが、残されることになった。

まさに、これは人類の知的財産とでもいうべきものなのだが、このような重大な人類の「音に関する叡智の体系」のほとんどが失われ、部分的な情報が残されるだけになってしまった。これは、まことに悲しむべき事態である。

そこで、失われてしまった情報を復旧し、残された断片情報とともに、ジグソーパズルを組み合わせるようにして、人類が長い年月をかけて積み上げてきた音に関する叡智の体系の復元を試みたのが本書である。

幸い、日本には、古代の音の叡智が良好に残され、この叡智の上にのって、日本人の音感は発展し、楽器や演奏スタイルをつくり上げてきた。さらに、日本では、叩き弓をはじめとする縄文由来の習俗が大きく破壊されずに残されていたのも幸運なことであった。こうした宇宙の

はからいで、なんとか修復が可能となったが、しかしながら、この作業には、実に、30年以上の時間を要した。

古代人がまとめ上げた音に関する叡智の「体系」は失われていたが、人類は、音の霊力、声の呪力を断片的にではあるが利用し続けてきた。音が放つ霊力・呪力の効果は、時代や地域性を超越した普遍的なものであり、絶大な影響を人間に及ぼすものだから、人類は手放せなかったのだ。

だからこそ、「ミュージック（音楽）」という言葉が、「音が放つ霊力・呪力」を意味する言葉から生まれたのである。

「ミュージック（music）」の語源となったのは、古代ギリシャの女神「ムーサ（Musa）」である。紀元前8世紀頃に活躍した古代ギリシャの詩人ヘシオドスの『神統記《しんとうき》』に9名のムーサたちが、クレイオ、エウテルペ、タレイア、メルポメネ、テルプシコラ、エラト、ポリュムニア、ウラニア、カリオペの順に紹介されている。

当初、ムーサの数は定まっていなかったが、ヘシオドスの時代には9名に落ち着き、次のような担当分野が、しだいに決められていった。

クレイオ…………歴史
エウテルペ…………抒情詩

タレイア……………喜劇・牧歌
メルポメネ…………悲劇・挽歌
テルプシコラ………合唱・舞踊
エラト………………独唱歌
ポリュムニア………讃歌・物語
ウラニア……………占星術・天文
カリオペ……………叙事詩

これらムーサたちが司《つかさど》る「学問・芸術」は「ムーシケー」と呼ばれ、古代の知識人が修《おさ》めるべき学芸の規範とされていた。

ムーシケーに共通するのは「音」である。詩も物語（歴史）も、かつては歌われるものであった。目ではなく、耳から入るものだったのだ。このような「音」の学芸であるムーシケーを司る女神、ムーサたちを導いているのが、男性の太陽神である。

太陽光が水晶などを通過すると虹色に分光していく。太陽神は、同時に、音楽神でもあり、光だけではなく、音を放っているというのが古代ギリシャの概念だった。古代ギリシャの人々は、太陽光が虹色に分光するのと同様に、太陽の放つ音が、いくつもの音に分かれていくと考えていた。この分かれていった、ひとつひとつの音を象徴するのが、ムーサたちなのである。

宇宙由来の音を象徴する存在がムーサだからこそ、ムーサの中に、占星術・天文学を司る女神ウラニアが入っているのだ。

放つ側（能動の男性原理）の太陽神が「男性神」、放たれる側（受動の女性原理）の音が「女神」として表現される、この古代ギリシャの考え方は、宇宙の陰陽の2極構造から見ても、理にかなったものだ。

宇宙と意識をつなぐ太陽の音

古代ギリシャの哲学者プラトン（前427頃～前347頃）は、学園「アカデメイア」を紀元前387年頃に開設したが、この中にムーサたちを崇拝する神殿「ムセイオン」が置かれ、太陽から発せられる音のさまざまな側面がつないでくれる宇宙的な学芸が探求されていった。その後、「ムセイオン」の語は、ムーサたちが司る学芸を研究する「学堂」の意味で使われ、さまざまな学芸の資料が集められる場所にもなったことから、その後、ムセイオンは「ミュージアム（美術館・博物館）」の語源になっていくのである。

ミュージックやミュージアムの語源にあるのは、ムーサ、すなわち、太陽の音なのだ。その太陽由来の音は霊力・呪力を放つと考えられていた。

ヘシオドスは『神統記』の冒頭で「ムーサ女神たちから歌い始めよう」と記し、その後、神々の系譜を語っている。なぜ、スタートが、ムーサ女神なのだろう。それは、「ムーサ」が「霊力・

呪力を放つ音」を象徴する存在だからである。この「霊力・呪力を放つ音」で意識を「宇宙の根源（霊的太陽）」につなぎ（チャネリングし）、ヘシオドスは神の系譜を語り出すのである。このチャネリング前の意識のチューニングを「ムーサ女神たちから歌い始めよう」と表現しているのである。

ヘシオドスは牧童として暮らしていたが、ある時、ムーサ女神たちの存在に気づき、そこから突然、神々の系譜を語れる特殊能力を授かったという自身の秘密を『仕事と日』の中に記している。これはいまから約２７００年前の文面である。楽譜や周波数など、音を具体的に表現する手段を持たなかった時代のことである。そのような時代、宇宙の根源（霊的太陽）に意識をつなぐ「霊力・呪力を持った音」は、「ムーサ」と象徴的に表現するしかなかったのだ。

ヘシオドスは、この「音（ムーサ）」の存在に気づき、そして、この「音」を活用させることで、神々の世界を自在に語れる能力を獲得したのである。まさに、古代の巫女、そして、現代のイタコらが、弓や琴などを使って、意識を宇宙の根源につなぐ方法を知り、宇宙の語り部になっていった姿と重なるのである。

ヘシオドスだけではない。紀元前8世紀頃に活躍し、「西洋文学の父」と称せられる古代ギリシャのホメーロスもそうだ。『イーリアス』では「歌ってくれ、ムーサよ」、『オデュッセイア』では「語れ、ムーサよ」という歌から、どちらも長大な神々の物語を開始するのだ。伝承では、ホメーロスは盲目であったという。長大な神々の物語が筆記されたのは後世のことであり、ホメーロスは、口承文学として、これらを伝えた。その冒頭にあるのが「ムーサの歌」、つまり、「霊力・呪力を持った音」による意識を宇宙の根源につなぐためのチューニングなのだ。これが済むと、ホメーロスの意識は「空《くう》」となり、イタコが忘我の境地でアチラの情報を語るように、チャネリングによって、神々の世界の膨大な情報を語って（歌って）いったのだ。

古代人の叡智を復活して活用せよ

プラトンは、日々、早朝の「ムーサ」への礼拝から学究を開始していたが、それは、宇宙からの情報を得るには、「ムーサ」が象徴する「霊力・呪力を持った音」が必要だからだ。古代ギリシャでは、このように「霊力・呪力を持った音」を使って意識を宇宙につなぐことから、語りや学びがスタートしていたのである。その「霊力・呪力を持った音」を象徴するのが「ムーサ」なのであり、これが「ミュージック（音楽）」の語源にあるのだ。

プラトンは、「語られる言葉」のほうが「書かれた言葉」より上位にあると主張する。「語られる言葉」は「生命・魂を持った言葉」で、「書かれた言葉」はこの「影」だと述べている。プラトンは、音の霊力だけでなく、声の呪力にも精通していたのだ。たとえば、マントラは活字で眺めるより、音として感じたほうが威力を発揮する。語られる言葉には「ムーサ（霊力・呪力）」が宿るのだ。このような「霊力・呪力を持った音」、すなわち、古代人たちの「ムーサ」の探求の成果が失われてしまったのである。この失われた「ムーサ（霊力・呪力を持った音）」

に関わる古代の叡智を復刻したのが本書なのだ。

ぜひ、本書に記された内容を参考に、みなさんも音に霊力を吹き込み、呪力を持った音を使って意識を宇宙的なものにしてほしい。

本書には、古代エジプトからギリシャを経由してヨーロッパに広がった音の叡智だけではなく、世界に広く目を向け、音が霊力や呪力を与える本質的な仕組みを詳説した。

本書を参照し、仕組みをわかった上で、意識的に活用していこう。その方法は簡便で即効性を持つ。そのことで、みなさんは、宇宙につながった真の意味での「宇宙人」になれ、願望を自在《じざい》に実現していく神人・超人への道がひらかれていくであろう。そのとき、「ナーダ・ブラフマ（音こそ神）」という言葉が意味するものを、みなさんは、実感できるはずだ。古代人のように。

巻末資料

（資料1）

仁平《にんぺい》のころほひ、近衛院《このえいん》御在位の時、主上《しゅしょう》夜な夜な怯《おび》え魂《たま》ぎらせ給ふことありけり。有験《うげん》の高僧貴僧に仰せて大法秘法を修せられけれどもその験《しるし》なし。御悩《ごのう》は丑《うし》の刻《こく》ばかりでありけるに、東三条《とうさんじょう》の森の方《かた》より、黒雲《くろくも》一村《いちむら》立ち来たつて、御殿《ごてん》の上に覆《おお》へば、必ず怯《おび》えさせ給ひけり。これによつて公卿僉議《くぎょうせんぎ》ありけり。去《さ》んぬる寛治《かんじ》のころほひ、堀河天皇御在位の時、しかのごとく主上《しゅしょう》夜な夜な怯え魂《たま》ぎらせ給ふことありけり。その時の将軍には義家朝臣、南殿《なんでん》の大床《おおゆか》に候はれけるが、御悩《ごのう》の刻限《こくげん》に及んで、鳴弦《めいげん》すること三度《さんど》の後《のち》、高声《こうしょう》に「前《さきの》陸奥守《むつのかみ》源義家」と名乗りたりければ、人々みな身の毛よだつて、御悩おこたらせ給ひけり。

（口語訳）仁平の頃（1151～54年）、近衛天皇在位のとき、近衛天皇が夜な夜な怯え、息が絶え絶えになるという出来事があった。効験のある高僧・貴僧に命じて密教の大法・秘法を行わせたが効き目がなかった。午前二時頃に、東三条の森のほうから、ひとむらの黒雲が湧き上がり、御殿の上を覆うと、天皇は必ず怯えられるのだった。そのため、公卿が評議をした。去る寛治の頃（1087～94年）、堀河天皇が御在位のときにも、同じように天皇が夜な夜な怯えられたことがあった。当時の将軍であった源義家朝臣が南殿の大床に控えておられたが、お悩みの時刻になり、鳴弦《めいげん》すること三度の後、声高く「前陸奥守、源義家」と名乗ると、それを聞く人々は身の毛がよだち、天皇の悩みは治り、怯えることがなくなった。

（資料2）

枯野《からの》を　塩に焼き　其《し》が余《あま》り　琴に作り　掻《か》き弾《ひ》くや　由良《ゆら》の門《と》の　門中《となか》の海石《いくり》に　振《ふ》れ立つ　なづの木の
さやさや

（資料3）

天《あめ》の沼琴《ぬごと》を取り持ちて、逃げ出《い》でし時に、其《そ》の天の沼琴、樹《き》に払《ふ》れて、地《つち》、動《とよ》み鳴《な》りき。

（資料4）

天皇《すめらみこと》、便《すなわ》ち御田《みた》、其《そ》の采女《うねめ》と姦《たわ》けるかと疑ひて、刑《ころ》さむと自念《おも》ほして、物部《もののべ》に付《さず》けたまふ。時に秦《はだ》の酒公《さけのきみ》、侍坐《さもら》ひて、琴の声《ね》を以《も》ちて、天皇に悟らしめむと欲《おも》ひて、琴を横《よこた》へ、弾《ひ》きて曰《いわ》く……。是《ここ》に天皇、琴の声を悟りたまひて、其の罪を赦《ゆる》したまふ。

（資料5）

天皇《すめらみこと》、御琴《みこと》を控《ひ》きて、建内宿禰大臣《たけうちのすくねのおおおみ》、沙庭《さにわ》に居《い》て、神の命《みこと》を請《こ》ひき。ここに大后《おおきさき》の帰《よ》せたる神、言教《ことおし》へ覚《さと》して詔《の》りたまひしく

（資料6）

皇后《こうごう》、吉日《よきひ》を選びて、斎宮《さいぐう》に入《い》り、親《みずか》ら神主《かんぬし》と為《な》りたまひ、則《すなわ》ち武内宿禰《たけうちのすくね》に命《みことおお》せて、琴《みこと》撫《ひ》かしめ、中臣烏《なかとみのい》賊津使主《かつのおみ》を喚《め》し、審神者《さにわ》としたまふ。因《よ》りて、千繒高繒《ちはたたかはた》を以《も》ちて、琴頭尾《ことのかみしり》に置き、請《ねぎまお》して曰《まお》さく「先の日に天皇に教へたまひしは誰の神ぞ。願はくは其の名をば知らむ」とまうす。

（資料7）

天皇、親《みずか》ら琴《みこと》を撫《ひ》きたまひ、皇后《きさき》、起《た》ちて儛《ま》ひたまふ

（資料8）

やすみしし　わが大君《おおきみ》の　朝《あした》には　取り撫《な》でたまひ　夕《ゆうべ》には　い寄り立たしし　み執《と》らしの
梓の弓の　中弭《なかはず》の　音すなり　朝狩《あさがり》に　今立たすらし　夕狩《ゆうがり》に　今立たすらし　み執らしの
梓の弓の　中弭の　音すなり

（資料9）

やまとうたは、人の心を種《たね》として、万《よろず》の言《こと》の葉《は》とぞなれりける。世の中にある人、ことわざ繁《しげ》きものなれば、心に思ふことを、見るもの聞くものにつけて、言ひ出《いだ》せるなり。花に鳴く鶯《うぐいす》、水にすむ蛙《かわず》の声を聞けば、生きとし生けるもの、いづれか歌をよまざりける。力をも入れずして天地《あめつち》を動かし、目に見えぬ鬼神《おにがみ》をもあはれと思はせ、男女《おとこおんな》の仲をも和《やわ》らげ、猛《たけ》き武士《もののふ》の心をも慰むるは、歌なり。この歌、天地の開け始まりける時より出《い》で来《き》にけり。

（口語訳）やまとうたと申しますものは、人の心を種にたとえますと、それから生じて、口に出て、無数の葉となったものであります。この世に暮らしている人々は、関わり合ういろいろな事がたくさんあるので、心に思うことを、見るもの聞くものに託し、言い表しているのです。梅の花の間で鳴く鶯、清流に棲む河鹿《かじか》の声を聞くと、この世に生を受けているものすべて、どれが歌をよまないことがありましょう。力ひとつ入れないで天地の神々の心を動かし、目に見えない鬼神をもしみじみとした思いにさせ、男女の仲を親しくさせ、いかつい武士の心さえも和らげるのが歌なのです。この歌は、天地創成の昔から世にあらわれておりました。

宮崎まゆみ『埴輪の楽器—楽器史から見た考古資料』三交社、1993年
宮本聡介・太田信夫編著『単純接触効果研究の最前線』北大路書房、2008年
ミルチャ・エリアーデ著、堀一郎訳『シャーマニズム』筑摩書房、2004年
武者利光『ゆらぎの発想—1/fゆらぎの謎にせまる』日本放送出版協会、1998年
武者利光『人が快・不快を感じる理由』河出書房新社、1999年
村上龍・山岸隆『超能力から能力へ—宇宙的な未知の力を身近なソフトウェアに』講談社、1995年
紫式部『源氏物語』岩波書店、2017年
矢向正人『魏志倭人伝に現れる搏手からの検討』九州大学大学院芸術工学研究院、2021年
ヨアヒム・エルンスト・ベーレント著、大島かおり訳『世界は音—ナーダ・ブラフマー』人文書院、1986年
ヨアン・P・クリアーノ著、桂芳樹訳『霊魂離脱とグノーシス』岩波書店、2009年
吉田良『神話は現代につながるのか—出雲の祭器〝琴板〟をめぐって』アメージング出版、2018年
ヨハンネス・ティンクトリス著、中世ルネサンス音楽史研究会訳『音楽用語定義集』シンフォニア、1979年
Alexander John Ellis『The History of Musical Pitch』Nabu Press, 2012
Harold Sherman 『Your Mysterious Powers of ESP』Signet New Age, 1969
Herbert Whone『The Hidden Face of Music』Orion Publishing Group, 1974
Ingo Swann『Natural ESP』Bantam New Age Book, 1987
J. Krishnamurti. David Bohm『The Ending Time』Harper Collins, 1985

馬場一雄『続・子育ての医学』東京医学社、2000年
廣川洋一『プラトンの学園アカデメイア』岩波書店、1980年
福島和夫『日本音楽史叢』和泉書院、2007年
藤原明衡著、川口久雄訳『新猿楽記』平凡社、1983年
プトレマイオス著、山本建郎訳『ハルモニア論』京都大学学術出版会、2008年
プラトン著、藤沢令夫訳『国家』岩波書店、1979年
プラトン著、岸見一郎訳『ティマイオス』白澤社、2015年
ヘシオドス著、中務哲郎訳『仕事と日』京都大学学術出版会、2013年
ヘシオドス著、中務哲郎訳『神統記』京都大学学術出版会、2013年
ボエティウス著、渡辺義雄訳『哲学の慰め』筑摩書房、1969年
ホメーロス著、呉茂一訳『イーリアス』筑摩書房、1971年
ホメーロス著、高津春繁訳『オデュッセイア』筑摩書房、1971年
ポルピュリオス著、水地宗明訳『ピタゴラスの生涯』晃洋書房、2007年
マイケル・ハッチソン著、佐田弘幸・福留園子・佐田いくよ訳『メガブレイン―脳の科学的鍛え方』総合法令出版、2000年
増田善彦『マインドコントロール理論 その虚構の正体』光言社、1996年
松井紀和『音楽療法の手引―音楽療法家のための』牧野出版、1980年
松井紀和・鈴木千恵子・古賀 幹敏・土野研治『音楽療法の実際―音の使い方をめぐって』牧野出版、1996年
松下井知夫・大平圭拮『コトバの原典―アイウエオの神秘』東明社、1985年
松下和弘・朝倉一善『水で健康になる！―体にいい水、悪い水』実業之日本社、2002年
松下和弘著、微弱エネルギー研究会編『遠赤外線と NMR法』人間と歴史社、1989年
マーチン・A・ラーソン著、高橋和夫・木村清次・鳥田恵・井出啓一・越智洋訳『ニューソート―その系譜と現代的意義』日本教文社、1990年
三上章『プラトン「国家」におけるムゥシケー』リトン、2016年
三島由紀夫『英霊の声』新潮社、2020年

黒板勝美編『國史大系第7巻　古事記・先代舊事本紀・神道五部書』吉川弘文館、2007年
ゲオルギイ・I・グルジェフ著、星川淳訳『注目すべき人々との出会い』めるくまーる、1981年
小泉八雲『神々の国の首都』講談社、1990年
小寺小次郎『言靈研究入門』文淵閣、1943年
小松明・佐々木久夫編『音楽療法最前線』人間と歴史社、1996年
金春國雄『能への誘い―序破急と間のサイエンス』淡交社、1980年
坂出祥伸『響きあう身体―「気」の自然観・瞑想法・占術』関西大学出版部、2014年
櫻井満監修、伊藤高雄・尾崎富義・菊地義裕著『万葉集を知る事典』東京堂出版、2000年
篠原佳年・松澤正博『モーツァルト療法―音の最先端セラピー』マガジンハウス、1998年
ジョスリン・ゴドウィン著、斉藤栄一訳『星界の音楽―神話からアヴァンギャルドまで―音楽の霊的次元』工作舎、1987年
ジョスリン・ゴドウィン著、吉村正和訳『交響するイコン』平凡社、1987年
大條和雄『津軽三味線の誕生』新曜社、1995年
高木啓夫『いざなぎ流御祈禱の研究』高知県文化財団、1996年
高田祐彦訳『新版　古今和歌集』角川学芸出版、2009年
武満徹『ひとつの音に世界を聴く―武満徹対談集』晶文社、1975年
谷口雅春『日本を築くもの』日本教文社、1967年
谷村新司『谷村新司の不思議すぎる話』マガジンハウス、2014年
富倉徳次郎校註『平家物語』朝日新聞社、1977年
中井久夫『西欧精神医学背景史』みすず書房、2015年
中村明一『倍音―音・ことば・身体の文化誌』春秋社、2010年
中村啓信訳『新版　古事記』角川学芸出版、2009年
夏村輝彦『奇跡の宗教』大陸書房、1975年
夏目漱石『夢十夜』新潮社、2002年

宇治谷孟訳『日本書紀』講談社、1988年
ヴェニアニン・ノエヴィッチ・プーシキン、A. P. ドゥブロフ著、金光不二夫訳『超心理と現代自然科学』講談社、1985年
ウノ・ハルヴァ著、田中克彦訳『シャマニズム―アルタイ系諸民族の世界像』平凡社、2013年
大賀寛『美しい日本語を歌う―心を伝える日本語唱法』カワイ出版、2003年
大橋力『音と文明―音の環境学ことはじめ』岩波書店、2003年
大橋力『ハイパーソニック・エフェクト』岩波書店、2017年
小笠原孝次『言霊百神―古事記解義』東洋館出版社、1969年
小澤幹雄編『対談と写真　小澤征爾』新潮社、1982年
笠原潔『埋もれた楽器―音楽考古学の現場から』春秋社、2004年
金澤正剛『新版　古楽のすすめ』音楽之友社、2010年
金澤正剛『中世音楽の精神史―グレゴリオ聖歌からルネサンス音楽へ』講談社、1998年
金関猛『能と精神分析』平凡社、1999年
カーメン・ブラッカー著、秋山さと子訳『あずさ弓―日本におけるシャーマン的行為』岩波書店、1995年
カール・セーガン著、青木薫訳『カール・セーガン 科学と悪霊を語る』新潮社、1997年
菊地章太『エクスタシーの神学―キリスト教神秘主義の扉をひらく』筑摩書房、2014年
北一輝『霊告日記』第三文明社、1987年
キティ・ファーガソン著、柴田裕之訳『ピュタゴラスの音楽』白水社、2011年
木戸敏郎編集『聲明1』音楽之友社 、1998年
グイド・ダレッツォ著、中世ルネサンス音楽史研究会訳『ミクロログス（音楽小論）』春秋社、2018年
栗本慎一郎『人類新世紀終局の選択―精神世界は科学である』青春出版社、1991年

◉参考文献

アウグスティヌス著、泉治典・原正幸訳『音楽論』教文館、1989年
秋山眞人著、布施泰和協力『しきたりに込められた日本人の呪力』河出書房新社、2020年
秋山眞人著、布施泰和協力『シンクロニシティ―願望が実現する「偶然」のパワー』河出書房新社、2019年
アーサー・ケストラー著、日高敏隆・長野敬訳『機械の中の幽霊』ぺりかん社 、1984年
朝倉治彦編集『人倫訓蒙図彙』平凡社、1990年
浅野正恭『日本精神の淵源　古事記生命の原理』神霊科学研究會、1936年
阿部謹也『ハーメルンの笛吹き男―伝説とその世界』筑摩書房、1988年
アリストクセノス著、山本建郎訳『ハルモニア原論』京都大学学術出版会、2008年
有馬朗人『気の世界』東京大学出版会、1990年
アルフレッド・トマティス著、窪川英水訳『モーツァルトを科学する―心とからだをいやす偉大な音楽の秘密に迫る』日本実業出版社、1994年
アレクサンダー・ジョン・エリス著、門馬直美訳『諸民族の音階―比較音楽論』音楽之友社、1951年
アニー・ジェイコブセン著、加藤万里子訳『アメリカ超能力研究の真実』太田出版、2018年
アン・バンクロフト著、吉福伸逸訳『20世紀の神秘思想家たち―アイデンティティの探求』平河出版社、1984年
イアンブリコス著、水地宗明訳『ピタゴラス的生き方』京都大学学術出版会、2011年
石原慎太郎『巷の神々』サンケイ新聞社出版局、1967年
糸川英夫『八十歳のアリア　四十五年かけてつくったバイオリン物語』ネスコ、1992年
伊藤博訳『新版　万葉集』角川学芸出版、2009年
井上円了『心理療法』群書、1988年

秋山眞人（あきやま・まこと）

1960年生まれ。国際気能法研究所所長。大正大学大学院文学研究科宗教学博士課程前期修了。13歳のころから超能力少年としてマスコミに取り上げられる。ソニーや富士通、日産、ホンダなどで、能力開発や未来予測のプロジェクトに関わる。画家としても活動し、S・スピルバーグの財団主催で画展も行なっている。コンサルタント、映画評論も手がける。著書は、『開運！オカルト実用大全』『しきたりに込められた日本人の呪力』『日本のオカルト150年史』（小社刊）ほか、100冊を超える。
公式ホームページ　https://makiyama.jp/

今 雅人（こん・まさと）

1966年、青森県生まれ。学習院大学文学部心理学科卒。音楽文化の中に眠る古代の精神と哲学史を研究。作曲家。2003年に青森県音楽資料保存協会を設立し、青森県の音楽文化を継承する活動を続けている。

怖いほど願いがかなう
音と声の呪力

二〇二一年　八 月三〇日　初版発行
二〇二三年一二月三〇日　５刷発行

著　者――秋山眞人
協　力――今 雅人
企画・編集――株式会社夢の設計社
東京都新宿区山吹町二六一　郵便番号一六二-〇八〇一
電話（〇三）三二六七-七八五一（編集）
発行者――小野寺優
発行所――株式会社河出書房新社
東京都渋谷区千駄ヶ谷二-三二-二　郵便番号一五一-〇〇五一
電話（〇三）三四〇四-一二〇一（営業）
https://www.kawade.co.jp/
DTP――イールプランニング
印刷・製本――中央精版印刷株式会社
Printed in Japan ISBN978-4-309-28911-3

河出書房新社

しきたりに込められた日本人の呪力

秋山眞人

布施泰和［協力］

干支、拍手、三三九度、獅子舞、供え物…
行事や風習には「深遠な意味」がある！

神聖なる力、霊的な恩恵にあやかる古来の知恵とは